BASTEI LÜBBE

Bettina Arndt

Am Ende der Liebe steht die Liebe

Geschichte einer nicht vollzogenen Trennung

BASTEI
LÜBBE

BASTEI-LÜBBE-TASCHENBUCH
Band 61199

*Für Ingrid,
die mir beim Schreiben
immer wieder Mut
gemacht hat.*

1.–4. Auflage 1991
5. Aufl. Nov. 1992
6. Aufl. Aug. 1993
7. Aufl. Juli 1994

Lizenzausgabe im Gustav Lübbe Verlag GmbH, Bergisch Gladbach,
mit Genehmigung des Scherz Verlag, Bern und München

Printed in Germany
Titelfoto: Mauritius
Einbandgestaltung: Manfred Peters
Druck und Bindung: Ebner Ulm
ISBN 3-404-61199-3

Der Preis dieses Bandes versteht sich
einschließlich der gesetzlichen Mehrwertsteuer.

Ich war hundemüde. Morgen wollte ich früh in der Schule sein. Dieter saß mir gegenüber in dem tiefen schwarzen Sessel. Ich ließ meine Beine über den roten baumeln, das entspannte mich. Eigentlich wollte ich ins Bett gehen. Meine Müdigkeit kam nicht nur vom heutigen Tag. Gestern hatten wir draußen in unserem kleinen Bauernhaus mit Freunden einen «Apfelweintag» und außerdem Michaels Geburtstag gefeiert. Er war 28 geworden. Kaum vorstellbar, daß ich so alt sein sollte, einen erwachsenen Sohn zu haben!

Es war ein sonniger Septembertag gewesen. Schon früh am Morgen hatten Dieter und ich drei große Körbe Äpfel aufgesammelt. Die Bäume waren voll von roten knackigen Früchten. Man brauchte nur mit einer langen Stange gegen die Äste zu stoßen, schon prasselte eine ganze Flut von Äpfeln herunter. Später stand ich in der Küche – aufräumen, Essen vorbereiten, obwohl ich nicht genau wußte, wieviel Gäste eigentlich kommen würden, zehn oder zwanzig. War auch egal. Wenn mehr als geplant da sein sollten, würde man auf der Wiese Sauerampfer für eine Suppe pflücken oder aus dem Gewächshaus Tomaten holen, davon hatten wir nun wirklich reichlich.

Dieter hatte inzwischen Stühle auf den Platz vor der Tenne gestellt, und als am späten Vormittag die ersten Gäste erschienen, bekam jeder ein Küchenmesser in die Hand gedrückt, und man konnte beginnen, die inzwischen gewaschenen Äpfel zu vierteln und die faulen Stellen herauszuschneiden.

Dieter preßte die Apfelschnitzel mit einer hölzernen Presse aus. Der Saft kam in große 50-Liter Glasballons. Ich lief zwischen Küche und Garten hin und her, Getränke holen, Gäste begrüßen – all diese kleinen Dinge, die eine Gastgeberin zu tun hat und die nicht auffallen, es sei denn, sie werden nicht getan.

Ich war glücklich. Es war so ein schöner Tag. Alle waren vergnügt und unbeschwert. Selbst Dieter war wieder der alte. Er ließ ein Feuerwerk kleiner Geschichten los, witzig erzählt, mit großer Liebe zum Detail, das war seine Stärke. Er hatte ein gutes Publikum, alles lachte und amüsierte sich köstlich. Dadurch wurde er immer brillanter. Die Stimmung schaukelte sich hoch.

Als ich gerade wieder mit einem Tablett Suppe aus der Küche kam, sah ich, wie Dieter Michaels Exfreundin Susanne einen langen, intensiven Blick zuwarf. Eine solche Intensität, dieses In-die-Augendes-anderen-fallen, das sonst nur etwas zwischen Dieter und mir war, hatte mir immer wieder die Einmaligkeit unserer Beziehung bestätigt. Einen Moment lang war ich irritiert. Was bahnte sich da zwischen den beiden an? Aber sofort kontrollierte ich mich: Sei nicht so kleinlich, wir sind beide mit ihr befreundet. Daran hatte sich auch nichts geändert, seit die Beziehung zwischen Susanne und Michael zerbrochen war. Warum sollte ich ihm nicht einen Blickwechsel mit ihr gönnen? Sie ist jung, sie könnte seine Tochter sein. Trotzdem, es ließ mir keine Ruhe. Wann hatte er mich das letzte Mal so angesehen? Seit einiger Zeit hatte ich das Gefühl, daß Dieter sich von mir entfernt hatte. Aber wenn ich ihn darauf ansprach, schützte er das Büro vor. Und ich sah ja auch, wie kaputt und voller Sorgen er Abend für Abend spät nach Hause kam. Seit Monaten war es ein Kampf um seine Position. Jeden Abend – wenn es ausnahmsweise mal nicht so spät wurde, daß ich bereits ins Bett gegangen war – erzählte er von seiner Arbeit. Jeden Abend erlebte ich einen ausgelaugten, verbitterten Mann. Jeden Abend hörte ich ihm zu. Jeden Abend versuchte ich, ihn zu trösten, ihm Mut zu machen und ihn aufzubauen mit meiner Liebe. Jeden Abend litt ich mit ihm. Und dann gestern dieser Anflug von Eifersucht? Ich hätte mich doch eigentlich freuen sollen, daß er einen so unbeschwerten Tag gehabt hatte.

Ich schob die kleine Episode mit Susanne beiseite, hatte ja genug um die Ohren gehabt, und ließ mich wieder auf die Fröhlichkeit des Tages ein. Das tat mir gut. Es war das erste Mal seit einem Monat – seit mein Vater gestorben war. Die Konfrontation mit dem Tod hatte mir sehr zugesetzt, und zum ersten Mal dachte ich über mein eigenes Ende nach. Ich fing an, die Sommer zu zählen, die mir noch bleiben würden. Ich fühlte mich verlassen, aber ich scheute mich, mit Dieter darüber zu sprechen. Er war so voll mit eigenen Problemen, daß für meine Sorgen und Gedanken kein Platz mehr war, obwohl ich meinte, er hätte meine Ängste spüren und auf mich eingehen müssen...

Dennoch: Der gestrige fröhliche Tag hatte mich endlich neue Lebenslust spüren lassen, und dieses herrliche Gefühl wollte ich unbeschwert genießen. In Gedanken sah ich wieder den großen Glasballon vor mir, der sich langsam mit dem kristallklaren, hellroten Apfelsaft füllte.

«Du, ich muß dir etwas sagen.» Dieter war vom schwarzen Sessel aufgestanden und lief unruhig auf und ab. Er griff nach einem Buch, das neben ihm auf dem Tischchen lag. Es war *Ich bin ich* von Judith Jannberg. Ich hatte es gerade mit großem Interesse gelesen. Es ist die Geschichte einer Frau, die fast siebzehn Jahre braucht, um sich aus einer unglücklichen Ehe zu lösen. Judith Jannberg beschreibt diesen Prozeß sehr anschaulich. Trotzdem hatte ich beim Lesen manchmal gedacht, das könnte mir nicht passieren. Das würde ich mir nicht gefallen lassen.

Außerdem liebten Dieter und ich uns viel zu sehr, auch wenn er in der letzten Zeit mir gegenüber oft gereizt war. Das würde sich wieder geben, wenn er den Kopf frei hatte vom Büro.

«Ich hab mal in das Buch reingeschaut», sagte Dieter. Das war ungewöhnlich. Eigentlich liest er keine Bücher, höchstens Fachliteratur. Er hat auch gar keine Zeit dazu. Abends kommt er spät nach Hause und ist müde, und am Wochenende sind wir auf dem Land. Dann arbeitet er im Garten oder er schläft.

«Wenn man das so liest», fuhr Dieter fort, «sieht man erst, wie gut du es hast. Na ja, diese Frau ist jedenfalls wie du der Meinung, man solle über gemeinsame Probleme miteinander reden...»

Irgend etwas in mir signalisierte Gefahr. Da war was nicht in Ordnung. Denn Dieter und ich, wir konnten zwar über Gott und die Welt miteinander reden, das wurde auch nie langweilig, aber wir konnten nicht über persönliche Probleme sprechen. Dieter störte das eigentlich nicht. Ich aber litt darunter. In den letzten Monaten hatte ich einige Male versucht, mit ihm darüber zu reden, warum er nicht mehr mit mir schläft. Aber er hatte sich auf kein Gespräch eingelassen. Er meinte nur, er sei durch den Dauerstreß im Büro impotent geworden und ich solle ihn in Ruhe lassen. Das kränkte mich. Denn ich wollte ihm helfen. Und Liebe hat viele Schattierungen. Bei Impotenz kann man doch wenigstens zärtlich sein. Ich fand Sex zwar immer schön, wenn ich

Lust darauf hatte, aber Zärtlichkeit war für mich genauso wichtig, wenn nicht sogar wichtiger. Warum sollten wir uns nicht wenigstens streicheln, uns im Arm halten? Unsere Körper waren uns doch so vertraut. Aber er blieb einsilbig, und es endete jedesmal damit, daß ich einen Monolog hielt.

Und jetzt war es also Dieter, der persönliche Probleme ansprach. Ich war auf der Hut – und ich bekam Angst.

«Also, ich möchte dir etwas sagen. Es gibt etwas, das mein Leben sehr verändert hat. Ich habe eine Frau getroffen. Es ist jetzt aus, aber seither weiß ich, daß sich was ändern muß. Künftig werde ich tun, was *ich* für richtig halte. Ich muß allein entscheiden, wie ich weiter leben will.»

Ich war wie vor den Kopf geschlagen. Eine Woge der verschiedensten Gefühle überflutete mich. Und viele kleine Bilder standen plötzlich blitzartig vor meinen Augen, lauter flimmernde Warnsignale, die ich in der Vergangenheit nie hatte wahrnehmen wollen ...

Ich war wie gelähmt, so, als ob ich neben mir stehen und Dieter und mich selbst beobachten würde. Was dann passierte, daran kann ich mich nicht mehr erinnern. Mein Zeitgefühl, sonst äußerst präzise, war nicht mehr vorhanden. Ich weiß nur noch, daß ich ihn ausfragte: «Wer ist sie, kenne ich sie, wie hast du sie kennengelernt?»

Sie sei aus dem Büro. Buchhalterin. Barbara Escher. Sagte mir natürlich nichts, obgleich mir so war, als ob Dieter den Namen schon ein paarmal erwähnt hatte.

Trotz allem hinterließ dieser Abend bei mir ein positives Gefühl: Er hat mit mir geredet. Es ist zwar nicht das erste Mal, daß er dich betrogen hat, aber es ist das erste Mal, daß er es dir von selbst gesagt hat! Probleme sind da, um gelöst zu werden, gemeinsam. Wenn man miteinander reden kann, müßte jedes Problem zu bewältigen sein.

Ich versuchte, Angst und Schmerz, die in mir hochkrochen, mit einer beinah hysterischen Euphorie zu übertönen: Es ist aus zwischen den beiden, und Dieter hat es dir selbst gesagt! Es wird ein Neubeginn sein. Wir werden in Zukunft miteinander reden können.

Irgendwann taumelte ich ins Bett. Dann weinte ich los. Ich konnte mich kaum beruhigen. Ich hörte, wie die Schlafzimmertür geöffnet wurde, Dieter hereinkam und sich auf die Bettkante setzte. Er streichelte meinen Kopf. Diese körperliche Berührung war genau das, was ich jetzt brauchte. «Komm doch zu mir», bat ich ihn. Seit Monaten ging er viel später ins Bett als ich. Meistens schlief er im schwarzen Sessel ein und kam erst um zwei oder drei Uhr nachts ins Schlafzimmer. Doch es war der falsche Moment für eine solche Bitte. Ich merkte es im gleichen Augenblick, als ich sie aussprach. Dieter verkrampfte sich, und dann legte er sich angezogen neben mich. Und ich – ich wollte seine Haut spüren, seine Nähe, die Gewißheit haben, daß von nun an alles besser werden würde! Ich weinte und weinte. Irgendwann ging er dann leise raus, und ich muß eingeschlafen sein. In der Nacht wachte ich auf und streckte meinen Fuß aus, in sein Bett, ganz gewohnheitsmäßig. Erst als ich merkte, daß ich ins Leere stieß, erinnerte ich mich an den vergangenen Abend, was ein Stechen in der Herzgegend auslöste, einen Schmerz, den ich noch oft spüren sollte. Ich lief ins Wohnzimmer und fand Dieter schlafend im schwarzen Sessel. Ich weckte ihn ganz sanft. «Komm», sagte ich, «komm ins Bett.»

An die nächsten Tage erinnere ich mich nur vage. Ich weiß noch, wie enttäuscht ich war, daß er mich jedes Mal abwimmelte, wenn ich versuchte, mit ihm zu reden, und daß er mich spüren ließ, wie lästig ihm das war. Er vertröstete mich auf den gemeinsamen Urlaub im Oktober. Dann hätten wir Zeit und könnten reden, jetzt habe er den Kopf voller Büro, das wisse ich doch.

Meine Stimmung in diesen Tagen war sehr schwankend. Oft war ich deprimiert, ein Zustand, den ich bis dahin kaum kannte, oder aber ich war voll euphorischer Hoffnung.

Irgendwann rief Ingeborg an. Sie wollte sich für das Apfelweinfest bedanken.

«Es war ein wunderschöner Tag. Wir haben jede Minute genossen. Euer Haus, der Garten, und – das wollte ich dir schon immer sagen – ihr beide, du und Dieter, ihr seid etwas Besonderes. Ich kenne kein Paar, das eine solche Zusammengehörigkeit ausstrahlt. Und dabei seid ihr so verschieden. Detlev findet das übrigens auch. Tschüs, du. Grüß mir Dieter!»

Nach diesem Gespräch war ich fast glücklich. Es konnte uns nichts trennen. Dieses starke Gemeinschaftsgefühl, das mich mit Dieter verband, war also auch für andere spürbar!

Im Oktober herrschten in Spanien noch sommerliche Temperaturen. Die Tür zum Balkon stand offen. Wir hatten uns nach dem Mittagessen ein wenig hingelegt, und Dieter war sofort eingeschlafen.

Wir waren schwimmen gewesen, hatten uns dann gemeinsam einen leckeren Salat gemacht und ihn auf dem Balkon gegessen. Unser Appartement war sehr schön, mit Blick auf das Meer. Das war Urlaub, wie wir ihn liebten. Unabhängig sein von irgendwelchen festgelegten Zeiten im Hotel. Hier konnten wir im Meer schwimmen, Spaziergänge am Strand machen, mit dem Auto, das wir gemietet hatten, ins Land fahren, lesen oder gemeinsam kochen. Es machte Spaß, mit Dieter am Morgen beim Frühstück zu besprechen, was wir einkaufen wollten, dann mit viel Zeit durch kleine spanische Gemüseläden zu bummeln und den ganzen Einkaufszettel über den Haufen zu werfen, weil wir andere Sachen sahen, an die wir vorher nicht gedacht hatten.

So war es heute auch. Wir fuhren auf den Markt,

der in einer großen, überdachten Halle war. Wir schlenderten von Stand zu Stand. Es gab so viel zu sehen, eine Fülle von Früchten und Gemüsen, Farben und Gerüchen. Dazu der Geräuschpegel von kehligen spanischen Stimmen. Hierher verlaufen sich nur wenige Touristen. Wir kamen an einer alten, zahnlosen Frau vorbei, mit einem völlig zerknitterten Gesicht, aber mit wachen, hellen Augen. Sie trug ein schwarzes, ziemlich langes Kleid wie alle alten Spanierinnen auf dem Land. Um den Kopf hatte sie ein Tuch gebunden, das auch schwarz war, aber mit ein paar gestickten roten Rosen drin. Vor sich hatte sie nur einen winzigen Hocker, auf dem getrocknete Feigen und Mandeln ausgebreitet lagen. Das war ihr Stand. Dieter zögerte weiterzugehen und sah sie an. Die alte Frau strahlte zurück und streckte ihm ihren Arm entgegen, um den Kränze von getrockneten Feigen hingen. Dieter kam mit ihr ins Gespräch. So liebte ich ihn! Er entfaltete seinen Charme, und die alte Frau blühte auf. Dieter beherrscht nur zwanzig Wörter Spanisch, aber mit diesem Vokabular kann er sich Stunden unterhalten, und was mich immer wieder verblüfft, die Leute verstehen ihn. Ich bewundere das, weil ich es nicht kann.

Wenn die Alte lächelte, konnte man sich vorstellen, wie schön sie früher gewesen sein mußte. Sie legte die Feigenkränze bis auf einen, den sie aufband, auf den Hocker. Dann streifte sie eine von den durchlöcherten Feigen von der Schnur, griff eine Mandel und steckte sie in das Loch. Dazu redete sie in einem schönen dunklen Spanisch. Mit einem Lächeln gab sie mir Feige und Mandel und bezog mich so in das Gespräch mit ein. Ich kostete. Die Verbindung von Feige und Mandel hatte wirklich einen unnachahmlichen Wohlgeschmack. Dieter bekam dasselbe, und natürlich kauften wir zwei oder drei Feigenkränze und eine große Tüte Mandeln.

Inzwischen waren wir ziemlich bepackt mit herrlichem frischen und billigen Gemüse. Fast am Ausgang des Marktes war ein riesiger Fischstand von mediterraner Fülle. Fischsorten, die ich noch nie gesehen hatte und die es bei uns selbst tiefgefroren nicht gibt. Wir diskutierten, sollten wir diesen nehmen oder den, oder jenen da hinten, den Seebarsch?

«Was meinst du», fragte er mich, «der gegrillt, dazu Fenchel in Sahnesoße, das müßte doch köstlich sein.» Fand ich auch. Und schon war er in ein fachmännisches Gespräch über Fische mit dem Verkäufer verwickelt, dem das natürlich großen Spaß machte. Inzwischen wußten wir, daß Seebarsch «Lubina» heißt. Schöner Name. Den Lubina würden wir heute abend essen.

Dieter seufzte ein bißchen im Schlaf. Ich drehte meinen Kopf. Mich überkam plötzlich ein starkes Bedürfnis, ihn zu berühren, mit meiner Hand über seine Brust zu tasten, seine Haare zu spüren, die kleinen Schweißtropfen, die auf dem Brustbein glitzerten, wegzuküssen. Ihn zu streicheln, wie ich es schon lange nicht mehr gemacht hatte, weil ich seine Abwehr bemerkte. Wie lange hatte ich dieses starke körperliche Verlangen nicht mehr gespürt? Merkwürdig, dachte ich, ich habe gelebt wie eine Nonne und habe eigentlich nicht mal etwas vermißt, so hatte ich mich angepaßt an Dieters Verhalten. Jetzt ließen die Wärme und das sonnendurchflutete Zimmer mich meiner Lust bewußt werden. Es ist so widersinnig, schoß es mir durch den Kopf. Da liegen zwei Menschen, deren Körper sich seit vielen Jahren vertraut sind, und sie tun nicht das Selbstverständlichste von der Welt: miteinander schlafen, zärtlich sein, kuscheln.

Ich mag Dieters Körper immer noch, dachte ich, während ich ihn so betrachtete. Er war gut gewachsen, hatte schöne kräftige Arme und Beine mit schmalen Hand- und Fußgelenken. Seine Haut war glatt und straff. Durchaus keine Selbstverständlichkeit bei einem 49jährigen. Gut, er hatte einen Bauch, aber das störte mich überhaupt nicht.

Ich erlebte mich noch immer als eine Einheit mit Dieter. Wenn ich durch die Stadt ging oder draußen über die Felder lief, sah ich mit seinen Augen, hörte mit seinen Ohren. Dieses absolute Zusammengehörigkeitsgefühl hatte er früher fast täglich bestätigt, zum Beispiel, wenn er sich beschwerte: Du hast schon zwei Stunden nicht mehr gesagt, daß du mich liebst. Oder: Ich weiß nicht, was ich machen würde, wenn du vor mir stirbst. Oder wenn er wegfuhr und sich verabschiedete: Ich hab jetzt schon Sehnsucht nach dir. Ich fühlte mich eingehüllt in diese Liebe und war glücklich damit. Und immer, wenn ich Zweifel an unserer Beziehung hatte, rief ich mir diese Bekenntnisse seiner Liebe ins Bewußtsein.

Dieter schlug die Augen auf, und ich lächelte ihn an. Ich streckte meine Hand aus und fuhr sanft mit meinen Fingern über seinen Arm. Keine Reaktion bei ihm.

«Magst du das?» fragte ich ihn.

«Ich bin noch so verschlafen», war alles, was er sagte. Ich zog meine Hand zurück und fühlte mich gedemütigt.

Abends dann, nach dem delikaten Fisch, dachte ich, jetzt könnten wir doch endlich mal miteinander reden. All diese Tage hatte ich mir gesagt, laß ihm ein bißchen Zeit, ein paar Tage braucht er, um zu entspannen. Für mich war das sehr frustrierend, denn ich hoffte immer darauf, daß er das Gespräch beginnen würde. Wenn er heute wieder nicht anfangen würde, täte ich's, das hatte ich mir fest vorgenommen.

Wir hatten einen guten spanischen Wein gekauft, und Dieter hatte zum Essen reichlich getrunken. Seit Monaten trank er mehr, als ihm gut tat. Als wir im Frühjahr auf Mallorca im Haus eines Freundes wohnten, fiel mir schon auf, daß er sich jeden Abend regelrecht vollaufen ließ. Wenn ich ins Bett ging, blieb er vor dem Kamin sitzen und trank weiter, so daß wir selbst im Urlaub nicht zur selben Zeit ins Bett gingen. Ich litt darunter. Und als ich ihn darauf ansprach, war seine Antwort, ich wisse doch, daß er eine blöde Zahngeschichte habe und diese Schmerzen nur so aushalten könne. In diesem Moment kam ich mir egoistisch vor und hatte großes Mitleid.

Jetzt machte er schon die zweite Flasche auf. Alkohol machte ihn erfahrungsgemäß nicht lockerer, sondern aggressiv. Ich dachte, ich muß jetzt irgend etwas sagen, sonst ist wieder eine Gelegenheit verpaßt. Und eigentlich bot sich dieser Abend an; wir hatten einen schönen friedlichen Tag gemeinsam verbracht. Ich nahm meinen ganzen Mut zusammen.

«Du – wie stellst du dir das eigentlich mit uns beiden vor, wie soll es weitergehen?»

Dieter nahm einen Schluck Rotwein, drehte den Stiel seines Glases zwischen den Fingern und hielt es gegen das Licht der Kerzen. Dann setzte er es ab. Sein Blick ging über den großen subtropischen Park bis zum Meer. Das Rauschen war ein wohltuendes, stetiges Geräusch. «Ich habe keine Ahnung, wie es weitergehen soll. Ich weiß nur, daß ich so, wie wir bislang gelebt haben, nicht mehr leben will und kann. Die Begegnung mit Barbara hat mich völlig umgekrempelt. Ich muß zu mir selbst finden.»

Er sah mich nicht an, während er sprach. Er sah mich überhaupt nur noch selten an, war mir in der letzten Zeit, seit ich ihn genau beobachtete, aufgefallen. Wann hatte er mich überhaupt das letzte Mal liebevoll angesehen? Mir kam der Verdacht, daß ich einige Warnsignale übersehen hatte oder übersehen wollte. Es hörte sich ganz vernünftig an, daß ein Mann, der auf die Fünfzig zugeht, zu sich selbst finden will. Aber wieso durch Barbara? Irgendwie leuchtete mir das nicht ein. Er hatte schon öfter Affären gehabt. Jedesmal hatte ich darunter gelitten, aber jedesmal hatte er mir versichert, daß er nur mich liebe. Und jedesmal glaubte ich ihm und versuchte, ihm erneut zu vertrauen. Bis jetzt hatte ich trotz allem in einer hoffnungsfrohen Stimmung gelebt: Es würde sich alles wieder einrenken, möglicherweise schöner, weil offener werden als bisher. Machte ich mir was vor? Diese ersten Zweifel beunruhigten mich.

«Wie lange ging das denn mit Barbara?»

Im selben Moment hätte ich mir die Zunge abbeißen können für diese blöde Frage. Aber das war erst der Anfang «dummer» Fragen, die mir immer wieder herausrutschten.

Zu Beginn dieses Abends war Dieter ganz geduldig und beantwortete nicht nur meine Fragen, sondern entwarf ein Bild seiner Beziehung zu Barbara. Heute im Rückblick muß ich allerdings sagen, das war ein sehr lückenhaftes Bild: Vieles ließ er weg, das erfuhr ich erst später. Für mich stellte sich damals seine Geschichte so dar: Er hatte im Herbst letzten Jahres, also vor einem Jahr, immer öfter darüber nachdenken müssen, daß in unserer Ehe etwas nicht stimmte, und er meinte, das sei auch mir aufgefallen, denn schließlich hätte ich ihn mehrmals gefragt, warum er nicht mehr mit mir schlafe. Seine Impotenz hatte ihm tatsächlich angst gemacht. Für einen Mann wie ihn war das eine Lebensfrage. Er war dann auf die Idee gekommen, mit irgendeinem Mädchen zu schlafen, nur um zu sehen, ob er wirklich impotent war, und wenn nicht, wollte er unserer Ehe wieder eine neue Qualität verleihen.

«Aber wieso denn», rief ich zutiefst getroffen, «warum bist du nicht zu mir gekommen und hast das mit mir besprochen? Ich liebe dich! Wir hätten doch einen Weg finden können!»

Nein, nein. Ich verstünde ihn nicht. Er ging also auf die Suche, dabei traf er Barbara, die ihm schon immer aufgefallen war. Zunächst hatte er wirklich nur vorgehabt, mit ihr ins Bett zu gehen. Zu dieser Zeit hatte Barbara gerade eigene Probleme. Ihr Mann hatte eine Freundin und war ausgezogen. Barbara suchte offensichtlich das Gespräch mit Dieter. Und irgendwann verliebte er sich in sie. Seine Gefühle hatten ihn überwältigt. Im Bett war es schön mit ihr, und er hatte keinerlei Probleme gehabt. Die ganze Geschichte hatte Weihnachten begonnen, und seit Mai war es aus.

«Wieso denn aus?» fragte ich, weil es mir nicht einleuchtete, etwas zu beenden, wenn man so verliebt ist.

«Wir wollten beide unsere Ehen retten», gab Dieter zur Antwort.

Heute glaube ich eher, daß sie sich nicht in gegenseitigem Einverständnis getrennt haben, sondern daß Barbara das Verhältnis gelöst hat. Damals jedoch glaubte ich ihm. Ich war froh, weil ich dachte, er liebt mich mehr als Barbara, er hat sie meinetwegen aufgegeben, und nur das zählt! Ob ich damals wirklich so naiv war, oder ob da Selbstschutzmechanismen in mir abliefen, kann ich heute nicht mehr sagen.

«Am liebsten würde ich eine Zeit allein bleiben», sagte Dieter schließlich.

Ich fühlte, wie ich von innen ganz kalt wurde. Eine Trennung? Die schrecklichste Vorstellung, die es für mich gab. Das wäre das Ende. Weiter konnte ich überhaupt nicht mehr denken.

«Nein», rief ich verzweifelt. «Das kannst du doch nicht wirklich denken. Waren wir denn nicht glücklich, draußen auf unserer Oase, in Kappelsberg? Wir haben doch so viele Gemeinsamkeiten! Jedes Wochenende, Sommer wie Winter, bin ich mit rausgefahren. Wenn ich auf der Terrasse mal ein Buch las, kamst du und setztest dich dazu, oder du sagtest, setz dich doch zu mir ins Gewächshaus. Du suchtest doch meine Nähe! Warst du denn nicht glücklich, ist dir denn das Bett so wichtig?»

Ich konnte kaum noch sprechen. Meine Stimme zitterte, ich schluchzte und konnte nicht mehr weiterreden. Es war wie in einem Traum. Um mich herum diese märchenhafte Kulisse, Palmen, ein Hauch von Licht am Horizont, sanfte Geräusche des Meeres ... – Aber wenn ich Dieter ansah, wußte ich, das war die bittere Wahrheit, ich hatte sie nur noch nicht akzeptiert.

Dieter hatte ein verschlossenes, feindliches Gesicht. Da war keinerlei Mitgefühl und schon gar keine Spur von Liebe.

«Ich brauche Freiraum, ich fühle mich abhängig. Ich will keine Rechenschaft ablegen müssen für das, was ich tue. Ich will mal mit Leuten aus dem Büro essen gehen.»

Ich war baff. «Aber das tust du doch sowieso», sagte ich verzweifelt. «Wann gehen wir beide denn schon mal essen. Du kommst doch jeden Abend erst gegen zehn nach Hause. Was hat das Essengehen also mit mir zu tun? Wir führen doch ohnehin nur eine Wochenendehe, wo willst du denn da noch Zeit abnehmen?»

«Du denkst wirklich nur an dich», explodierte Dieter. Sein Gesicht verzerrte sich, er wurde laut. «Vielleicht denkst du mal darüber nach, was ich von meinem Leben habe! Wenn du aus der Schule kommst, dann hast du den Rest des Tages Zeit für dich. Und kannst machen, wozu du Lust hast: Freunde sehen, lesen oder was auch immer! Und ich? Ich sitze in der Tretmühle und werde völlig fertiggemacht. Das solltest du dir mal klarmachen! Du solltest dich mal ein bißchen in mich hineinversetzen! Ich bin völlig kaputt!»

Ich wußte, wenn Dieter diese Lautstärke erreicht hatte und in diesem aggressiven Ton mit mir redete, war jede Diskussion sinnlos. Aber ich fand seine Anschuldigungen so ungeheuerlich, daß ich mich nicht bremsen konnte. Ausgerechnet mir vorzuwerfen, ich würde mich nicht in seine Situation versetzen! Wo ich nichts anderes tat, als darüber nachzudenken, wie ich ihm alles erleichtern oder angenehmer machen könnte! Mein ganzes Leben hatte ich auf ihn abgestellt. Ich litt mit ihm, wenn ich Abend für Abend zuhörte, wie dieses Büro ihn fertigmachte, daß man ihn raussetzen wollte, und daß er am liebsten aus dem Fenster springen würde. Und jeden Abend hörte ich wieder zu, versuchte, ihn zu trösten oder mit ihm gemeinsam zu beratschlagen, wie er sich verhalten solle. Nach meinen Problemen in der Schule fragte er übrigens nie. Ich habe meine Wünsche, zum Beispiel mal gemeinsam mit ihm ins Theater oder Kino zu gehen oder ins Museum oder was auch sonst, immer zurückgestellt. Ich habe damit leben gelernt und mich selten beklagt. Aber die Aufforderung, ich solle mal über seine Situation nachdenken, die ließ das erste Mal Wut in mir hochkommen. Und obwohl ich genau wußte, daß ich besser meinen Mund gehalten hätte, konnte ich nicht schweigen.

«Glaubst du ernsthaft, ich würde mich nicht in deine Lage versetzen? Aber was hat das damit zu tun, daß du so wenig Zeit hast für dich selbst? Dafür kannst du doch nicht mich verantwortlich machen. Du müßtest an deinem Job etwas ändern oder an deiner Arbeitsweise, aber doch nicht ausgerechnet an unserer sowieso schon knapp bemessenen gemeinsamen Zeit.» Ich versuchte, ruhig zu bleiben, ich wurde zwar nicht laut, aber mein Ton wurde merklich schärfer, denn ich war erregt und fühlte mich ungerecht behandelt.

«Meinen Job kann ich nicht ändern, das weißt du

ganz genau. Und du profitierst ja auch ganz schön davon. Und außerdem –» er schlug mit der Faust auf die Platte, das Rotweinglas kippte um, rollte vom Tisch und zersprang auf den Fliesen. Ich sprang auf, las die Scherben vom Boden, wischte Flecken auf und setzte mich wieder. Ein Haushaltsroboter. Dieter sah abwesend aufs Meer. Er hatte immer noch diesen feindlichen Ausdruck, einen starren Blick. Wie war es nur so weit gekommen, daß wir uns nun so gegenüber saßen? Ich wehrte mich verbissen gegen die Tatsache, daß Dieter sich offenbar längst weit von mir entfernt hatte.

«Wir sollten nicht so eine feindliche Stimmung zwischen uns aufkommen lassen. Laß uns versuchen, das alles hier zu genießen. Ich bin sicher, wir werden einen Weg finden. Du würdest mir helfen, wenn du sagen würdest, daß du bereit bist, nach einem Weg zu suchen.»

Ich sehnte mich so danach, daß er mir wenigstens verbal entgegenkam, wenn er schon nicht durch einen Blick oder eine liebevolle Geste zeigte, daß ihm noch etwas an mir lag. Er aber blieb verschlossen. «Ich brauche Ruhe, ich muß über mich nachdenken, über mein Leben. Ich brauche Freiraum, um mich zu entwickeln.»

Dieses Wort Freiraum sollte noch ein Streitpunkt zwischen uns werden. Jetzt machte es mich nur traurig. Denn zu einer geistigen Entwicklung brauchte man doch die Auseinandersetzung mit Menschen, und bisher war ich immer davon ausgegangen, daß wir uns in unserem Zusammenleben gegenseitig sehr viele Anregungen boten, wozu auch die Auseinandersetzungen gehörten. Wir konnten ja, und das habe ich immer als positiv empfunden, auch kontroverse Meinungen vertreten. Aber jede Diskussion über uns selbst endete mit Krach. Dieter wurde immer sofort unsachlich und schrie, und ich zog mich verletzt zurück. Und eine Stunde später kam er dann mit einem Blümchen an und tat so, als ob nichts gewesen wäre. Bei ihm schien alles schnell vergessen, bei mir wirkten solche Kräche lange nach, zumal sie oft sehr verletzend waren. Trotzdem nahm ich sein Friedensangebot immer sehr gern an.

Ich empfand sein Gerede über die Entwicklung, die er nun machen wolle, als große Ungerechtigkeit. «Wieso», fragte ich, «hast du das Gefühl, dich in unserer Ehe nicht entwickelt zu haben?»

«Was hab ich denn von meinem Leben? Jeden Tag diese Tretmühle und am Wochenende ein bißchen Pusseln im Garten, den Rest des Tages Arbeiten fürs Büro.»

Hatte Dieter denn vergessen, mit wieviel Freude und Begeisterung wir vor ungefähr zehn Jahren Kappelsberg gekauft hatten, und wieviel Lebensfreude wir seitdem daraus bezogen? Wie oft hatten wir beide festgestellt, daß unser Leben bereichert war mit einer neuen Dimension. Wir erlebten die Jahreszeiten ganz anders als in der Stadt. Wir sahen sozusagen vor der Haustür, wie das Getreide im Frühjahr aus der Erde kam, wie es wuchs, wie es blühte, wie es reif wurde. Die Zeit orientierte sich für uns an den Abläufen der Natur. Für mich war das aufregend und neu. Für Dieter war es die Erfüllung eines Traumes. Denn seit er als Zehnjähriger ein Jahr während des Krieges auf einem großen Hof gelebt hatte, der Freunden seiner Eltern gehörte, war die Natur ein Bestandteil seines Lebens. Sein Wissen über Flora und Fauna war immens und hatte sich, seit wir die Wochenenden und auch die großen Ferien im Sommer in Kappelsberg verbrachten, noch vergrößert.

«Ich habe mir mein Leben bei Gott anders vorgestellt», fuhr er fort. «Ich habe von einer großen Familie mit vielen Kindern geträumt.»

Damit berührte er einen besonders wunden Punkt zwischen uns, denn ich hatte zwei Fehlgeburten gehabt. Es ist schon schwer genug, ein Kind zu verlieren, auf das man sich gefreut hat; aber dafür auch noch Vorwürfe zu hören, das machte mich völlig hilflos. Zu Michael aus meiner ersten Ehe hatte Dieter nie eine besonders gute Beziehung. Ich habe immer darunter gelitten. Ich meinte, er hätte sich mehr Mühe geben können mit Michael. Mal mit ihm spielen, als er noch klein war, mal mit ihm reden, als er größer wurde.

«Aber du weißt doch, daß wir keine gemeinsamen Kinder haben konnten! Bitte, Puschel», ich verwandte seit langer Zeit zum erstenmal wieder seinen vertrauten Kosenamen. Meine Stimme wurde ganz weich, und ich merkte, daß ich kurz vor dem Weinen war. «Laß uns doch jetzt bitte nicht mit Adam und

Eva anfangen. Wir sollten versuchen, einen Weg zu finden, der für uns beide möglich ist.»

«Nein. Ich fühle mich schon lange unfrei. Ich habe mich dir immer angepaßt. Und das will ich nicht mehr. Ich will mein eigenes Leben führen.»

«Du hast dich mir angepaßt?» fragte ich verstört. Sollte das ein Scherz sein? Dann war es ein schlechter.

«Ja, ich könnte dir viele Beispiele geben.»

«Bitte gib mir ein einziges, damit ich weiß, was du meinst.»

«Wenn wir spazierengingen, wäre ich gerne über Feld und Wiesen gegangen. Aber weil wir dann über ein paar Stacheldrahtzäune hätten klettern müssen, sind wir richtige Wege oder in den Wald gegangen.»

Ich dachte, ich hörte nicht richtig. Wir kämpften hier um den Bestand unserer Beziehung, und er kam mit solchen Lappalien. Meinte er das ernst? Aber wenn ich mir sein Gesicht ansah, wußte ich, das war bitterster Ernst. Ich erinnerte mich an solche Spaziergänge. Ich haßte es, über Stacheldrahtzäune und Wassergräben zu steigen. Zumindest im Winter, wenn ich einen Mantel anhatte. Damit fühlte ich mich unbeweglich. Dieter trug Sommer wie Winter zu seinen Jeans immer nur eine Jacke.

«Oder ein anderes Beispiel: Damals, als die Franzosen im Dorf waren, hätte ich gerne zwei aufgenommen, aber dir war das zu mühsam. Heute würde ich sie in jedem Fall in mein Haus aufnehmen.»

Auch an diesen Vorfall erinnerte ich mich. Er lag Jahre zurück. Unser kleines Dorf hat eine Patenschaft mit einem französischen Dorf. In jenem Jahr kam ein Bus mit Franzosen, und Dieter stellte sich als Dolmetscher zur Verfügung, weil kaum jemand von uns Französisch und von den Franzosen niemand Deutsch sprach. Dieter fühlte sich in seinem Element. Er spricht fließend Französisch. Nicht perfekt, aber mit einem guten Akzent. Als wir früher einmal ein Jahr in Paris lebten, hatte ich ihn immer darum beneidet, denn mir fielen Fremdsprachen schwer. So hatte ich meine Schwierigkeiten mit dem Einkaufen. Franzosen in Paris sind nämlich nicht besonders freundlich. Wenn jemand ihre Sprache nicht kann, wenden sie sich ab. Noch schlimmer war es, wenn wir eingeladen waren. Abgesehen davon, daß es frustrierte, sich nicht so artikulieren zu können, wie man möchte, war meine Lage besonders schwierig, wenn ich nicht auf englisch ausweichen konnte. Ich hörte zu, wollte mich an dem Gespräch beteiligen, legte mir einen Satz zurecht, und wenn ich soweit war damit, war das Gespräch längst an einem andern Punkt. Ich brachte es nicht fertig, einfach drauflos zu reden. Ich saß stumm da und lächelte. Ein ziemlich blöder Zustand, auch wenn Dieter sich ganz lieb um mich kümmerte und versuchte, mich irgendwie in das Gespräch mit einzubeziehen und für mich zu dolmetschen.

Als nun die Franzosen in unserem Dorf waren, fuhr eines Tages der Bürgermeister vor und fragte, ob zwei bei uns übernachten könnten. An sich wäre die Frage der Unterkunft geregelt, aber vielleicht würde es uns Spaß machen, wo doch mein Mann so gut Französisch sprach, sagte er mit einem Lächeln zu mir und ging. In unserm Haus sind nur drei winzige Zimmer ausgebaut: ein Schlafzimmer, ein Wohn- und Eßzimmer und ein kleines Arbeitszimmer, in dem ein Sofa steht, auf dem man schlafen kann. Also, zur Not wäre es schon gegangen mit den beiden jungen Franzosen. Aber ich fühlte mich nicht ganz fit zu jener Zeit. Ich mußte mit meinen Kräften haushalten und brauchte das Wochenende so dringend, um die Woche in der Schule durchzustehen. Abgesehen davon fehlte es an Decken. Und das winzige Bad! Aber was mich wohl am meisten bewog, Dieter all diese Einwände vorzubringen, war die Tatsache, daß er vor gar nicht langer Zeit zu mir gesagt hatte, er wolle in Zukunft nicht mehr, daß Michael mit Susanne in dem grünen Zimmer – bis dahin hatte ich es «Michaels Zimmer» genannt – übernachtete. Er brauchte sein Wochenende, um zu regenerieren. Und Michael und Susanne störten ihn. Das gehört zu den Dingen, die mich am tiefsten verletzt und getroffen haben. Mein eigener Sohn sollte kein Zimmer in unserem Haus haben! Das habe ich nie vergessen. Als dann die Einquartierung der beiden jungen Franzosen zur Debatte stand, konnte ich einfach nicht einsehen, warum zwei uns völlig unbekannte junge Leute bei uns übernachten sollten, während mein eigener Sohn das nicht durfte. Heute ist mir unbegreiflich, warum ich das Übernachtungsverbot für Michael so stillschweigend hingenommen habe.

Wenn ich jedoch gewußt hätte, wieviel Dieter damals an diesen jungen Franzosen lag, hätte ich vermutlich doch zugestimmt – trotz meiner Vorbehalte.

Das alles ging mir jetzt während unseres Gesprächs durch den Kopf. Warum holte er bloß solche Vorfälle hervor? «Willst du eigentlich unsere ganze Beziehung in Frage stellen?» Meine Stimme versagte schon wieder, und ich fing tatsächlich an zu weinen.

«Ja, seit mir Barbara begegnet ist, weiß ich, daß bei uns schon lange vieles nicht mehr stimmt.»

Damit war für mich der Abend, der so schön begonnen hatte, zu Ende. Ich lief in die Wohnung, warf mich aufs Bett und wünschte nichts sehnlicher als Schlaf und Ruhe.

Ich verstand jetzt, was Judith Jannberg in ihrem Buch *Ich bin ich* meinte, wenn sie schrieb: «Ich bin eine einzige Wunde.» So fühlte ich mich auch. Und das Schlimme war, daß ich immer dasselbe dachte. Ich konnte nicht abschalten. Ich versuchte, ganz bewußt an etwas anderes zu denken. Aber immer wieder überfielen mich diese vernichtenden Gedanken. Dieter kam nicht, um mich zu trösten. Was war er nur für ein Mensch!

Am nächsten Morgen blinzelte ich ganz benommen und noch schlaftrunken der Sonne entgegen, die durch die offene Balkontür fiel. Meine Sinne wachten auf, ich roch das Meer, hörte die Unmengen von Spatzen tschilpen – das taten sie immer morgens um diese Zeit, wenn sie sich in dem großen Lorbeerbaum versammelt hatten – und wollte das unbändige

Gefühl von Lebensfreude in mich hereinlassen, das diese Sinneseindrücke sonst immer in mir ausgelöst hatten, als ich mich plötzlich an unser gestriges Gespräch erinnerte. Wie sollte ich nur leben? Die ersten Minuten an diesem Tag waren die schlimmsten. Als ich dann aufstand und den täglichen kleinen Verrichtungen nachging, wurde es besser. Beim Frühstück war ich schon wieder optimistisch. Irgendwie würden wir das schon schaffen. Ich liebte ihn doch. Ich würde dic Probleme einfach weglieben!

Die restlichen Urlaubstage liefen dahin, ohne daß wir zu einem Ergebnis gekommen wären, wie wir in Zukunft miteinander umgehen wollten. Meine Stimmung wechselte ständig. Als wir auf dem Rückweg im Flugzeug saßen und ich diese Reise noch einmal überdachte, blieb jedoch trotz aller Traurigkeit und Verlassenheitsangst ein Gefühl der Hoffnung in mir zurück. Ein Leben ohne Dieter konnte ich mir einfach nicht vorstellen.

Zu Hause freute ich mich auf die Schule, einmal, weil ich gerne unterrichtete, und zum andern, weil ich auf diese Weise ein paar Stunden nicht an Dieter dachte. Während des Unterrichts bin ich so konzentriert, daß ich nichts anderes denken kann. Seit einigen Jahren arbeitete ich an der Grundschule bei den Kleinen. Und immer wieder entzücken sie mich durch die Liebe, die sie mir entgegenbringen, ihre Begeisterungsfähigkeit und ihr Vertrauen, ihre Naivität und ihre Unbefangenheit. Natürlich strapazieren 25 Kinder eine Menge Nerven, aber nicht annähernd so viel, wie sie einem Kraft geben. In meinem Fall haben sie mir sehr geholfen. Ich machte an mir selbst die Beobachtung, daß ich durch meinen eigenen Kummer ihren kleinen Sorgen gegenüber – die ja nur aus unserer Sicht klein sind – aufgeschlossener wurde.

Seit unserer Reise waren vier Wochen vergangen. Das Zusammenleben mit Dieter wurde immer unerfreulicher. Wieder und wieder suchte ich ein Gespräch mit ihm, doch alle Versuche scheiterten kläglich, bis mir schließlich klar wurde, daß auf diese Weise ein neuer Weg für uns nicht zu finden war, weil Dieter gar nicht reden wollte. Sein damaliges Geständnis war kein Vertrauensbeweis oder der Beginn einer gemeinsamen Suche nach einer neuen Basis unserer Beziehung, sondern eine Art, mir zu sagen, daß er ohne mich sein wollte. Er hatte mich aus seinem Leben «hinausgedrückt», wie er das später einmal selbst formuliert hat.

In dieser Zeit lebte ich noch von der Hoffnung, daß zu Weihnachten alles vorüber und bis dahin unsere Beziehung wieder intakt sei. Jeden Abend wartete ich auf ihn. Wartete und wartete. Ob er doch noch etwas mit Barbara hatte? Vielleicht würde er heute abend mal früher kommen und mit mir reden wollen oder auch nur durch eine freundliche Geste zum Ausdruck bringen, daß er mich brauchte. Manchmal rief ich im Büro an, dann erreichte ich ihn auch. Also war er nicht bei Barbara, ich hatte ihm unrecht getan! Ich war in einer jämmerlichen Verfassung, die nichtigsten Anlässe verursachten bei mir Tränenausbrüche. Mein Selbstwertgefühl war stark angeschlagen. Zum ersten Mal wurde ich mir meines Alters negativ bewußt. Ich war jetzt 55 Jahre alt; welche Chancen hatte eine Frau mit 55? Barbara ist 32. Vom Alter her könnte sie meine Tochter sein. Da hast du keine Chancen. Besonders nicht, wenn dein Mann sechs Jahre jünger ist als du selbst. Ich fing an, mir Fragen zu stellen. Wo hatte ich Fehler gemacht? Ich fand eine Menge, vor allem, daß ich mich viel zu sehr auf Dieter fixiert hatte.

Wenn Dieter abends dann mal so früh nach Hause kam, daß ich noch nicht im Bett war, war ich meist fertig von der Warterei und meinem Gedankenkarussell, das immer wieder um dieselben zermürbenden Fragen kreiste: Welche Fehler hatte ich gemacht? Hatte er eigentlich noch Kontakt zu Barbara, obwohl es aus war? Sie arbeitete doch in seinem Büro, wenn auch nicht in derselben Abteilung. Heißt das, daß er sie womöglich täglich sah? Dann kann es doch nicht aus sein? Wenn er dann nach Hause kam, überfiel ich ihn mit meinen Fragen. Ja, natürlich sähe er sie jeden Tag, antwortete er eines Abends, das ließe sich nun mal nicht vermeiden, das müßte ich ja wohl einsehen. Sie sprächen auch privat miteinander, warum denn nicht. Man könne schließlich nicht auf Knöpfe drücken bei menschlichen Beziehungen. Er fühlte sich in die Enge getrieben, das Ganze war ihm lästig, er fand es zum Kotzen, wurde laut und brüllte mich an: «Das halte ich nicht mehr aus, kaputt aus dem Büro zu kommen und dann solche Fragen zu hören. Ich muß hier raus, ich werde ausziehen.» Spätestens in diesem Moment brach ich in Tränen aus.

Ich wußte, wenn ich nach Barbara fragte, würde er immer wieder so reagieren. Solche Auftritte waren sinnlos, und ich litt unter meiner Unfähigkeit, sie zu verhindern. Ich war wie eine Schlafwandlerin, ich konnte nicht anders handeln.

Irgendwas mußte ich tun, das war klar. Ich mußte mit jemandem reden. Aber mit wem? Mit meiner Schwester, mit Stefanie? Mir fielen noch ein paar andere Freundinnen ein. Ich verwarf den Gedanken sofort wieder. Ich hatte eine seltsame Scheu davor, über meine ganz persönlichen Probleme zu sprechen. Ich wollte mir ja kaum selbst eingestehen, geschweige denn irgend jemand anderem, daß meine einmalige, überaus glückliche Ehe in schwerster Krise steckte. Vielleicht sollte ich mit einem Mann sprechen. Eigentlich fiel mir nur Winfried ein. Er war einer der wenigen Männer, die ich kannte, mit denen man stundenlang reden konnte und jedes Gefühl der Zeit dabei verlor. Winfried verfügte über die wunderbare Gabe, sich Zeit zu nehmen, wenn ihm etwas Spaß machte. Dabei kam ihm natürlich sein Beruf als freischaffender Künstler entgegen.

Seit meiner Heirat mit Dieter war ich eigentlich nie

mehr mit einem Mann allein gewesen. Sei es im Restaurant, im Theater oder sonst irgendwo, obwohl ich mich immer für eine emanzipierte Frau gehalten hatte. Nach meiner Scheidung hatte ich mit 26 Jahren ein Studium begonnen, obgleich Michael erst ein Jahr alt war. Ich führte damals ein buntes, sehr freies Leben, machte mein Examen und ging in den Beruf. Als Dieter und ich dann heirateten, stellte ich mich ganz auf ihn ein. Ich vermißte auch nichts, für mich war diese große Liebe auf beiden Seiten die Erfüllung schlechthin.

Jetzt kamen mir die ersten Zweifel, ob diese Ausschließlichkeit, in der ich mich absolut glücklich gefühlt hatte, nicht vielleicht doch Probleme mit sich brachte, die ich vorher nicht gesehen hatte.

Ich dachte plötzlich ganz intensiv an einen Nachmittag mit Winfried. Es war ein heißer Sommertag mit flirrendem Licht, Sommergerüchen, Grillengezirpe, wie man es auf der Schwäbischen Alb selten hört, und schönen Kumuluswolken am Himmel. Dieter und ich waren wie fast an jedem Wochenende rausgefahren auf den Kappelsberg. Ich war voller Lebenslust. Sommer ist meine Jahreszeit. Da bin ich geradezu sensibilisiert für alle Sinneseindrücke. Ich lag in der Hängematte und sah in den Himmel. Das war eine Beschäftigung, die ich schon als Kind geliebt hatte. Nur hatte ich als Kind viel öfter die Gelegenheit dazu gehabt. Als ich erwachsen war, schlich sich immer ganz schnell ein schlechtes Gewissen ein: Du müßtest noch dies erledigen oder jenes.

Idiotisch, dieses ewige Pflichtgefühl, das einem im Nacken sitzt. Ich will diesen schönen Sommertag genießen. Wann haben wir schon mal so einen Tag in unseren Breiten und auf 500 Meter Höhe! Ich trug ein leichtes, weites Kleid, das viel Luft an meinen Körper ließ, und genoß es, wenn der sanfte Wind über meine Arme und Beine strich. Es war eine zärtliche Berührung. Ich hörte, wie die Schafe näher kamen. Ich liebte das Freßgeräusch, das sie beim Grasen machten. Wir hatten jetzt sechs, eine ganz schöne Truppe. Sie schnupperten an mir und gingen dann weiter. Nur Lollo blieb stehen, sie wollte gekrault werden. Ich hätte mir früher nie träumen lassen, daß ich Schafe schön finden könnte, für mich als Stadtmenschen eine geradezu groteske Vorstellung. Das gehörte alles zur neuen Dimension, die mein Leben so bereichert hatte. Ich finde Schafe nicht nur schön, sie haben für mich sogar eine besondere friedvolle und beruhigende Ausstrahlung.

Das Telefon, das in den Garten gestellt war, schrillte. Ich sah Dieter hineinsprinten. Kurz darauf kam er wieder heraus. «Ich muß ins Büro», rief er, «ich hoffe, daß es nicht so lange dauert, damit ich noch was von Winfried habe.»

Diese verfluchte Werbeagentur. Konnte man Dieter nicht mal am Wochenende in Frieden lassen? Er tat mir leid, er hätte seine Ruhe so dringend gebraucht. Jeden Abend zwischen acht Uhr und Mitternacht nach Hause kommen – ich könnte das nicht, ich würde es physisch gar nicht aushalten.

Dieter verabschiedete sich sehr zärtlich von mir. «Bringst du mich noch zum Auto?»

«Natürlich», lachte ich, «das tue ich doch immer. Fahr vorsichtig, die Autobahn wird voll sein.»

Ich winkte ihm nach, solange ich ihn auf unserer kleinen Straße sehen konnte. Dann lief ich schnell auf die Terrasse hinter dem Haus, stieg auf einen Schemel und winkte mit beiden Armen. Nach ein paar hundert Metern gab es eine Wegbiegung, von wo aus man unser Haus noch einmal sehen konnte. Es war ein Spiel zwischen uns, den anderen auf diese Weise zu verabschieden.

Meine Hängematte lockte mich wieder. Auf dem Weg dorthin hörte ich Winfried auf seinem Motorrad herandonnern. Ich erinnere mich noch sehr genau daran, wie Winfried und ich später auf der Wiese saßen. Er einen Grashalm im Mundwinkel, aufgestützt auf seinen Ellbogen, ich neben ihm. Er erzählte mir vom Segelfliegen, eine neue aufregende Erfahrung für ihn, und schon bald waren wir in einem tiefen Gespräch. Immer öfter trafen sich unsere Augen. Ich hörte bald nicht mehr richtig hin. Er erotisierte mich, und ich verspürte das Bedürfnis, ihn anzufassen, zu streicheln, mit ihm zu schlafen. Es knisterte zwischen uns – aber ich verscheuchte meine erotischen Phantasien und redete mir gut zu. Was bist du für eine miese Type! Während der Mann, den du liebst, am Sonntag im Büro sitzt, um seine Brötchen zu verdienen und durch diesen Streß auch noch impotent geworden ist, hast du solche Gedanken ... Also versuchte ich, Winfried wieder konzentriert zuzuhören und ganz gelassen zu wirken. Aber ich habe die Blicke zwischen uns, das Knistern nicht vergessen ...

Ja, und dann war da noch Jonathan als möglicher Gesprächspartner. Ihn und seine Frau hatte ich vor vielen Jahren, bald nach meiner Heirat mit Dieter, bei Ulrich getroffen. Ulrich hatte uns eingeladen, damit wir die Frau, mit der er seit kurzem zusammenlebte, kennenlernten. Sie ist zwei Jahre älter, das spricht eigentlich für Ulrich, dachte ich. Männer in seinem Alter haben doch meistens nur Augen für junge Frauen. Es wurde ein vergnügter, entspannter Abend. Wir lachten viel, Ulrich war sehr verliebt und zeigte sich von seiner besten Seite.

Jonathan und seine Frau waren ein sehr gegensätzliches Paar, beide gegen Ende Vierzig. Sie war äußerst temperamentvoll, nicht gerade tiefschürfend, aber witzig. Jonathan dagegen war ein stiller Typ. Wenn er dann mal was sagte, war es treffend und geistreich. Das gefiel mir. Außerdem faszinierten mich seine Augen vom ersten Moment an. Er hatte einen seltsamen grauen Blick, dem man sich nicht entziehen konnte. Er lachte auch viel, aber sein Lachen war anders als unseres. Wir waren einfach nur albern, er aber strahlte durch sein Lachen Güte aus.

Jedesmal wenn ich die Bergs im Laufe der Jahre traf, suchte ich Jonathans Nähe und freute mich an seiner Wärme. Ich fühlte mich wohl mit ihm. Ich glaube ganz sicher, daß es auch ihm so ging, obwohl er niemals irgendeine Bemerkung oder eine Geste gemacht hatte, aus der ich hätte schließen können, daß er über den gesellschaftlichen Rahmen hinaus irgendein Interesse an mir gehabt hätte. Zwar machte er mir häufig Komplimente, aber das nahm ich nicht als etwas Besonderes.

Nach Jonathans Wärme und Ausstrahlung sehnte ich mich jetzt. Ich hatte zwar keine Ahnung, wie ich es anstellen sollte, ihn allein zu sehen. Aber für mich stand fest: Ihn wollte ich sehen.

Dann könnte ich mich natürlich noch an eine Eheberatung, Pro Familia oder so was wenden. Als ich im Telefonbuch nachsah, machte mich die Fülle des Angebots unsicher. Woher sollte ich wissen, daß ich die richtige, genau für uns passende Instanz finden würde? Schließlich entschied ich mich für eine kirchliche Beratung. Wahrscheinlich spekulierte ich unbewußt darauf – bewußt hätte ich mir das niemals eingestanden –, daß eine konfessionell gebundene Eheberatung immer für die Erhaltung der Ehe sein würde, niemals für ihre Auflösung. Und vor einer Trennung hatte ich die meiste Angst. Ich würde alles ertragen, nur keine Trennung oder gar Scheidung. Ich definierte mich so sehr über Dieter, daß der Verlust meiner eigenen Identität, den ich riskierte, wenn ich mit Dieter zusammenblieb, mir damals nicht zum Bewußtsein kam.

Die Frage war nur, wie konnte ich Dieter davon überzeugen, mit mir eine Eheberatung aufzusuchen?

Im Augenblick konnten wir überhaupt nicht miteinander reden, ganz gleich, worum es ging. Es endete immer mit Tränen auf meiner Seite und der Drohung auszuziehen, auf seiner Seite. Ich wollte ihn zwingen, mit mir zu reden, einen gemeinsamen Weg zu suchen. Ich wollte diesen Teufelskreis durchbrechen. Vielleicht war die evangelische Eheberatung genau das Richtige. Wir würden es schaffen!

Ich war wieder ganz euphorisch und rief sofort Dieter im Büro an, um ihm von meiner Idee zu erzählen. Man sagte mir, er sei außer Haus. Okay, vielleicht war er essen. Als ich zwei Stunden später wieder anrief und er immer noch nicht da war, klingelten bei mir alle Alarmsignale. Hastig suchte ich in dem blauen Firmentelefonbuch die Durchwahl unter Escher. Frau Escher ist außer Haus, wurde mir gesagt. Ich spürte wieder diese Angst, die bis unter die Haarwurzeln kroch. Aber da war noch ein anderes Gefühl: Wut. Unglaubliche Wut. Dieser miese Typ. Sollte er wirklich mit Barbara zusammensein? Und mir erzählt er, sie hätten miteinander Schluß gemacht, um ihre Ehen zu retten? So etwas Verlogenes. Ich nahm den Rest meines Verstandes zusammen: Katharina, bleibe cool, versuchte ich mich zu beruhigen.

Ich hatte kaum den Hörer aus der Hand gelegt, als das Telefon schrillte und Dieter sich meldete: «Na, du hast hier angerufen?»

Ich schluckte. «Ja, du, ich habe mich über Eheberatung erkundigt und würde gerne mit dir darüber sprechen. Kannst du heute mal etwas früher kommen, damit wir ein bißchen Zeit haben?» Er war seltsam aufgekratzt und freundlich. Damals wußte ich noch nicht, daß immer, wenn er mit Barbara zusammen war oder von anderen Frauen kam, ein matter Glanz von Freundlichkeit auf mich fiel. Zu jenem Zeitpunkt bezog ich das auf mich, jedes freundliche Wort deutete ich als Wendepunkt. Immer wieder hatte ich diese Hoffnung. Ich war in einem Zwiespalt der Gefühle, eben noch Wut auf ihn und jetzt Hoffnung, daß alles bald ausgestanden sei, wenn er so freundlich wie eben reagierte.

Und dennoch blieb ein leises Mißtrauen zurück. War er nun alleine essen gewesen, oder mit Barbara? War sie also auch wieder im Büro? Ich mußte es wissen und wählte nochmals ihre Nummer. Gleichzeitig verachtete ich mich dafür, aber ich konnte nicht anders. «Escher», meldete sich Barbara. Ich legte auf. Nun hatte ich das erste Mal ihre Stimme gehört. Eine fröhliche, sympathische Stimme. Barbara sang ihren Namen eigentlich mehr, als daß sie ihn sprach. Sie ging bei der zweiten Silbe ihres Namens nicht hinunter, wie man das üblicherweise tut, es war so ein atemloses Rufen in ihrer Stimme. Am ehesten vergleichbar einem «Halloo», wenn man die erste Silbe zwar betonte, aber bei der zweiten mit der Stimme oben blieb. Jung, fröhlich, spritzig. Was hatte ich dagegen zu bieten? Heulend – ich, die fast zwanzig Jahre unserer Ehe nie geweint hatte –, durch das Heulen unansehnlich geworden, nie mehr vergnügt mit Dieter, immer voll mit bohrenden Fragen. Klar, daß er keine Lust hatte, nach Hause zu kommen. Aber, verflucht nochmal, sagte ich mir dann wieder, hatte man nicht Verantwortung für den anderen mitzutragen, ihm zu helfen, wenn es ihm dreckig ging? Und was machte Dieter? Er entzog sich dieser Verantwortung, wenn es lästig wurde.

Dieter kam an diesem Abend tatsächlich früher als sonst nach Hause. Ich hatte Tomaten und Mozzarella mit viel frischem Basilikum angemacht, es schön angerichtet und den Tisch liebevoll gedeckt, wie ich am liebsten jeden Tag mit Dieter essen würde. Aber diese Regelmäßigkeit hatte es in meiner Ehe nie gegeben.

Wir aßen ganz friedlich, er erzählte vom Büro, wie immer, und ich hörte zu, wie immer. Ich hatte mir vorgenommen, alles, was ich ihm sagen wollte, sachlich vorzubringen und nicht gleich wieder mit einem Vorwurf in der Stimme. Aber während er erzählte, hörte ich schon gar nicht mehr hin. Immer wieder hörte ich in meinen Gedanken Barbara «Escher» sagen.

«Warst du heute mit Barbara zusammen?» fragte ich unvermittelt.

«Wie kommst du darauf?»

Ich haßte Fragen als Antwort. Das machte er immer, wenn er Zeit gewinnen wollte.

«Bitte, weich mir jetzt nicht aus.»

«Ja.»

Ich merkte, wie ich wieder zu zittern begann, nicht

äußerlich, sondern innerlich, als ob alle Nerven vibrierten.

«Vielleicht solltest du mir mal erklären, wieso du mit Barbara zusammen warst, wenn es doch aus ist und du genau weißt, in welchem Zustand ich bin und wie ich leide.»

«Mir war danach, sie zu sehen», sagte er kühl und ohne mich anzuschauen.

Ich konnte die Hilflosigkeit, die Wut, die in mir aufstieg, kaum aushalten. Ich sagte mir aber: Halte dich zurück. Laß dich nicht provozieren. Du willst deine Ehe retten. Heute frage ich mich oft, warum ich mich nur so an ihn klammerte. Was machte mich bloß so schwach? Liebe?

«Weißt du, Dieter», versuchte ich es ganz ruhig, «wir sehen ja, wie schwer wir es miteinander haben. Ich glaube, daß wir Hilfe brauchen, daß wir an einem Punkt sind, wo wir allein nicht weiterkommen. Deswegen war ich heute bei dieser Eheberatung. Und darüber wollte ich mit dir sprechen. Würdest du mitmachen? Jeder geht erstmal allein zu Frau K., und zwar in ihre Wohnung, nicht in die Kirche oder das Gemeindehaus. Find ich übrigens sehr sympathisch. Und danach entscheiden wir weiter, ob wir ein gemeinsames Gespräch mit Frau K. wollen. Wäre das zuviel verlangt? Wir sind doch so festgefahren!»

Erstaunlicherweise sagte er ja, wir sollten es mal versuchen.

Ein paar Tage später saß ich Frau K. gegenüber. Sie wohnte in einem großen alten Etagenhaus, das um die Jahrhundertwende gebaut worden war und erste Stilelemente des Jugendstils aufwies. Es machte einen gepflegten Eindruck und hatte riesige Wohnungen. Ob Frau K. verheiratet war oder allein hier wohnte, ich hatte keine Ahnung. Sie ließ mich erzählen und äußerte sich selbst nicht dazu. Hin und wieder stellte sie eine Frage, aber weniger, um einen Punkt genauer auszuleuchten, als um das Gespräch wieder in Gang zu bringen. Ich hatte mir das etwas anders vorgestellt. Ich hatte geglaubt, daß sie Partei ergreifen würde. Aber sie blieb die ganze Zeit nur stumme Zuhörerin. Das irritierte mich. Ich kam mir so nackt vor, ich hatte mein ganzes Herz ausgeschüttet, was ich ja auch gewünscht und gewollt hatte, aber diese Reaktionslosigkeit machte mir zu schaffen. Es war das erste Mal überhaupt, daß ich mit jemandem über Dieter und meine Probleme sprach, und ich glaube, da wollte ich Stellungnahme und nicht nur ein freundliches Zuhören. Vielleicht ist das beim ersten Mal immer so, tröstete ich mich.

Ein paar Tage danach ging Dieter zu Frau K., und bei der nächsten Sitzung mit mir war ich wahnsinnig gespannt, was sie darüber sagen würde. Ich ließ erkennen, daß ich bereit sei, alles einzusetzen, um meine Ehe zu retten. Und dann, als sie immer noch nicht anfing, über Dieter zu reden, was ich unfair fand – sie konnte sich ja schließlich denken, daß mich nichts anderes interessierte –, fragte ich sie direkt: «Und welchen Eindruck haben

Sie von dem Gespräch mit meinem Mann? Sieht er denn eine Chance für uns?»

«Das kann er wohl jetzt noch nicht beantworten. Er braucht Zeit für sich selbst. Er möchte einen Freiraum haben, in dem er sich vollkommen ohne Kontrolle entfalten kann. Ob dann später wieder eine Beziehung mit Ihnen möglich ist, kann man zu diesem Zeitpunkt nicht beurteilen. In jedem Fall würde sie anders aussehen als die jetzige. Wissen Sie», fuhr sie in ihrer feinen, stillen Art fort, die mir zusehends auf die Nerven ging, «Ihr Mann hat völlig andere Bedürfnisse als Sie. Und bedenken Sie auch, daß Männer polygam sind.»

Sie sagte das mit einem reizenden Lächeln, vielleicht, um mir Mut zu machen. Spätestens jetzt war mir klar: Ich hätte mir dies alles sparen können, es kommt wirklich nichts dabei heraus. Bei dem Wort «polygam» zuckte ich innerlich zusammen. Was hieß hier, Männer sind polygam? Das ist doch nur ein Alibi dafür, daß Männer sich so verhalten dürfen, wie Dieter es in unserer Ehe immer getan hatte. «Das hat aber nichts mit dir zu tun», versicherte er jedesmal, wenn er mich betrog. Und von mir wurde erwartet, daß ich ihm nicht nur jedesmal verzieh, sondern wahrscheinlich auch noch treu zu sein hatte. Wieso eigentlich, empörte ich mich. Mit welchem Recht kann das ein Mann verlangen?

Ganz plötzlich wußte ich, daß ich mir nur selber helfen konnte. Ich mußte meinen Weg allein gehen, ohne Frau K., ohne Gesprächstherapie. Das nächste

Gespräch zu dritt würde ich noch mitmachen, weil ich die ganze Geschichte nun mal angeleiert hatte, aber eigentlich wollte ich schon nichts mehr davon wissen.

Ich habe wenig konkrete Erinnerung an dieses letzte Treffen mit Frau K., bei dem vor allem Gefühle im Vordergrund standen. Gefühle der Peinlichkeit und Demütigung. Dieter und ich legten unsere Vorstellungen dar. Ich bekräftigte, daß ich mir die Fortführung der Ehe wünschte und vorstellte, allerdings müßte auch Dieter bereit sein, einen gemeinsamen Weg zu suchen, und er sagte das, was er schon oft gesagt hatte. Er wisse nicht, wie es weitergehen solle, er wisse nur, daß er Zeit brauche für sich selbst, um mit der Begegnung mit Barbara fertig zu werden und seine Konsequenzen daraus zu ziehen. Er brauche eben Freiraum.

Peinliches Schweigen breitete sich aus. Ich hätte ihm jetzt am liebsten zugerufen, daß er diesen «Freiraum» nur dazu benutzen wolle, weitere sexuelle Abenteuer zu suchen, um sich seine Potenz zu beweisen, worauf Dieter losgeschrien hätte, dies sei wieder der Beweis dafür, daß ich ihn nicht verstehen wollte. Aber natürlich schwieg ich, gebremst durch Frau K.'s Anwesenheit. Dabei hätte ich es gerade als ihre Aufgabe angesehen, uns solche Vorwürfe machen zu lassen, um sie aufzufangen, zu versachlichen und in ein sinnvolles Gespräch zu kanalisieren.

Diese ganze blöde Eheberatung hatte wirklich nichts gebracht, dachte ich auf dem Rückweg. Es war ein feuchter, nebeliger Novembertag. Ich genoß Dieters Nähe. Wann saßen wir schon mal während der Woche zusammen im Auto. Und mir wurde schmerzlich bewußt, daß er für Barbara ja wohl Zeit gehabt hatte. Ich war bei diesem Gedanken schon wieder den Tränen nahe. Obwohl ich meinte, kurz vorher bei Frau K. meine Lage einigermaßen realistisch eingeschätzt zu haben, war ich jetzt wieder überwältigt von dem Zusammengehörigkeitsgefühl, das ich für Dieter nach wie vor empfand. Das hatte sich keineswegs abgeschwächt, und ich konnte immer noch nicht begreifen, daß es ihm nicht genauso ging. Ich wollte ihn an meiner Verbundenheit mit ihm teilhaben lassen, irgendwann würde er mich schon wieder entdecken, davon war ich nach wie vor überzeugt.

Es war fast halb acht. «Sag mal, wollen wir nicht irgendwo eine Kleinigkeit essen», fragte ich ihn, «einen Salat oder so? Vielleicht könnten wir dann noch mal über unsere Eindrücke bei Frau K. sprechen. Wie findest du das?»

Seine Antwort kam schnell: «Ich kann nicht, ich muß wieder ins Büro und einen Werbetext redigieren, der morgen früh gleich weg muß.»

Ich hielt meinen Mund, obwohl mir sehr danach war, ihm meine Gedanken entgegenzuschreien: Aber für Barbara, für Barbara da hast du Zeit. Nur für mich, da ist es wieder das Büro! Es ist dir wohl lästig, was? Ich könnte ja wieder außer Kontrolle geraten und Fragen stellen.

Natürlich wußte ich längst vom Verstand her, daß er sich von mir entfernt hatte. Ich war schließlich eine erwachsene Frau. Aber Zorn, Tränen und Gefühlsseligkeit übermannten mich immer wieder. In meinen Tagträumen, denen ich mich oft hemmungslos hingab, hatte ich mir Dieter immer wieder so zurechtgeträumt, wie ich ihn mir als liebenden Partner wünschte. Eins schwor ich mir jetzt neben ihm im Auto: Gleich morgen wollte ich beginnen, etwas für mich zu tun.

Das erste, was ich tat, war, mir in einem Buchladen einen Meter Bücher zu kaufen: Anja Meulenbelt, *Die Scham ist vorbei*; O'Neill, *Die offene Ehe*; ein Buch von Nancy Friday und noch einige andere. Eine Menge Frauenliteratur war jedenfalls dabei, und etwas lernte ich ganz schnell: Wie ich schon bei Judith Jannberg gesehen hatte, war ich nun wirklich nicht die einzige, die so eine Situation durchlebte. Das war tröstlich. Die andern hatten es geschafft, ich würde es auch schaffen. Kein Mann war es wert, daß man an ihm kaputtgeht, also, wenn er gehen wollte, dann sollte er gehen.

Ich rief Anna an, ich wollte wieder mit Yoga beginnen. Es hatte mir gutgetan, aber ich hatte damit aufgehört, als Dieter mir die Geschichte mit Barbara eröffnete. Ich fühlte mich nicht in der Lage, unter Menschen zu gehen, weil ich glaubte, jeder müßte mir ansehen, wie verhärmt ich war. Obwohl alle Frauen in der Yoga-Gruppe freundlich zu mir waren, hatte ich so gewisse Vorbehalte. Ich bin nun mal kein Gruppentyp, und ich vermeide am liebsten Situationen, wo jeder sich duzt und sich alle scheinbar so locker geben. Aber wenn Anna den Raum betrat, fiel diese Gruppenaversion von mir ab. Anna hatte eine unglaublich starke Ausstrahlung. Ihre Kraft war spürbar, alles an ihr war echt. Anna war groß und kräftig gebaut, eigentlich war sie zu dick. Aber wenn sie sich mit unnachahmlicher Grazie im Lotussitz oben auf das Podest setzte, dann war sie so schön, daß alles andere ganz unwichtig wurde. Es war egal, daß sie ein paar Pfunde zuviel hatte und daß sie auf die Sechzig ging. Wenn ich auf meiner Matte lag und Anna mit sanfter Stimme reden hörte, wurde ich ruhig. Ich erreichte zwar nie den Zustand der Meditation, daß alle Gedanken ausgeschaltet waren, aber ich empfand es als wohltuend und entspannend. Ich mochte auch Annas Art, wie sie uns Übungen machen ließ. Ich habe seit Jahrzehnten keinen regelmäßigen Sport getrieben, und obwohl ich nicht gerade ungelenkig bin, kann ich gewisse Übungen einfach nicht. Wenn ich also zum Beispiel auf dem Boden saß und mit meinem rechten Arm die Zehenspitzen meines ausgestreckten rechten Beines berühren sollte, hatte ich Probleme. Mein Arm hätte zehn Zentimeter länger sein müssen.

«Seid sanft mit eurem Körper», sagte Anna immer, «ihr solltet ihn nie zwingen. Eines Tages wird er das tun, was ihr von ihm verlangt. Das kann drei Wochen dauern oder drei Jahre, das ist völlig egal. Wir machen keine Gymnastik, sondern Yoga. Wenn ihr also eure Zehen nicht erreicht, dann denkt eure Hand dorthin, das ist genausogut.»

Das gefiel mir, es entsprach genau meinem Lebensgefühl. Ich wollte meinen Körper nicht zwingen, sondern ihm Gutes tun. Dieter war da ganz anderer Meinung. Abhärten war seine Parole, obwohl er selber nichts dafür tat, bis auf Joggen. Das fand er toll. Ich dagegen nicht. Wenn mir Jogger auf einem Spaziergang entgegenliefen, sah ich immer in verzerrte, verbissene Gesichter. Ich konnte mir einfach nicht vorstellen, daß Menschen das glücklich macht.

Ganz am Anfang meines Yogakurses hatte Anna mich gebeten, doch mit einer anderen Yogaschülerin zusammen zu ihr nach Hause zu kommen. Sie wollte ein paar Atemübungen mit uns allein machen, weil wir ein bißchen im Rückstand seien. An einem Nachmittag fuhr ich also zu ihr. Anna wohnte auf dem Lande direkt an einem See. Sie hatte mir eine Skizze gemacht, weil ihr Haus nicht ganz einfach zu finden sei. Das erste, was ich sah, als ich das große Tor erreicht hatte, war der schimmernde See. Dann, als ich auf den Parkplatz fuhr, entdeckte ich hinter großen, alten Bäumen ein schönes Fachwerkhaus mit einem tief herabgezogenen Dach und Sprossenfenstern, vor denen Blumenkästen mit Geranien standen. Ich stieg aus. Erst jetzt konnte ich sehen, daß dies ein Hanggrundstück war. Es fiel sanft zum schilfbestandenen See ab. Dazu die flimmernde Luft und der wolkenlose Himmel. Ich war überwältigt von soviel Idylle. Die Schwäbische Alb von ihrer schönsten Seite. Ich entdeckte bei näherem Hinsehen eine ganze Menge Tiere. Auf dem Dach saß ein Pfau und ließ seinen wunderbar schillernden Schwanz herabhängen. Auf der großen Obstwiese, die sich an die Terrasse anschloß, liefen aufgeregt viele kleine Perlhühner herum. Dann gab's noch Enten und Gänse, die sich aber in ziemlicher Entfernung aufhielten.

«Hallo», rief Anna. Sie kam mir in einem weißen losen Batistkleid, das ihr bis zu den Knöcheln reichte, entgegengelaufen. Braungebrannt und barfuß. Ihre hellblonden welligen Haare waren wie immer strubbelig, ohne ungepflegt zu wirken. Sie gaben ihr etwas Atemloses, Erwartungsvolles, obwohl sie auf der anderen Seite absolute Gelassenheit und Ruhe ausstrahlte. Bei Anna war das jedoch kein Widerspruch, sondern es paßte zueinander. Mein Gott, mußte ihr Mann blöd gewesen sein, daß er sie wegen einer Jüngeren verlassen hatte!

Bei der Begrüßung umarmte sie mich herzlich. Nachdem wir einmal durch den Garten gegangen waren, bat sie mich ins Haus. Obwohl die Zimmer relativ klein waren, wirkten sie großzügig. Ich würde nichts ändern, wenn ich hier wohnen würde, so sehr entsprach alles meinem eigenen Geschmack. Ich fühlte mich wohl. Anna hatte Tee vorbereitet. «Gisela kommt ein wenig später», sagte sie. So hatten wir Zeit für uns allein. Wir waren gleich ins Gespräch vertieft und genossen es beide. Eine kleine Episode hat sich mir besonders eingeprägt. Ihre Tochter rief an. Es ging irgendwie um den Hausschlüssel. «Du weißt doch», sagte Anna ins Telefon, «ich habe nur noch einen Hausschlüssel, und den habe ich gerade verlegt.» Nach Beendigung des Gesprächs, das sich dann noch anderen Themen zuwandte, fragte ich Anna: «Sag mal, was machst du denn, wenn du nach Stuttgart zu deinem Yogakurs fährst und keinen Schlüssel hast?»

Anna lachte und sagte: «Ich brauche keinen Schlüssel, ich schließe nicht ab.»

Ich bin ja nun auch nicht gerade pingelig, wenn es ums Hausabschließen geht. In Kappelsberg lasse ich alle Türen offen, wenn wir mal für einen kleinen Spaziergang weggehen. Dieter denkt da übrigens genauso. Aber wenn wir in die nächste kleine Stadt fahren, die ungefähr sieben Kilometer entfernt liegt, dann verschließen wir doch die Türen.

«Wenn zu mir ein Einbrecher kommt», nahm Anna den Gedanken wieder auf, «und mir meine silbernen Löffel klaut, dann ist er doch ein ganz armes Schwein, der sie dringender braucht als ich. Die Löffel sind zwar von meiner Großmutter, und ich liebe sie sehr, aber man soll sich nicht abhängig machen von materiellem Besitz. Nichts davon kannst du mitnehmen. Und wenn mich einer umbringen sollte, dann ist eben meine Zeit gekommen.» Dabei lächelte sie mich mit ihren strahlenden blauen Augen an. Mich hat das damals sehr beeindruckt. Soviel Gelassenheit hatte ich bisher bei keinem Menschen erlebt.

Das alles ging mir durch den Kopf, als ich Anna jetzt anrief und ihr sagte, ich würde gern wieder an dem Kurs teilnehmen, obwohl ich zwei Monate einfach weggeblieben war. Sie stellte keine Fragen und sagte nur: «Natürlich, Katharina, komm.»

Ich entwickelte aber noch weitere Initiativen, rief endlich Winfried an und sagte ihm, ich würde gern mal zu ihm ins Atelier kommen. Ich kam mir dabei sehr mutig vor. Früher, als ich in Heidelberg studierte, verabredete ich mich, wann und mit wem ich wollte. Aber seit der Heirat hatte das aufgehört.

Seit unserem Gespräch im Sommer hatte ich Winfried nicht wiedergesehen. Wie würden wir aufeinander reagieren? Und was sollte ich ihm über Dieter erzählen? Doch ich hatte mir ganz umsonst Gedanken gemacht. Alles lief mit großer Selbstverständlichkeit ab. Winfried war mitten bei der Arbeit, als ich zu ihm kam. Er stand an der Staffelei, und ich hockte mich auf den Boden. Zuerst hatte ich Bedenken, ihn zu stören, aber bald merkte ich, daß ihn meine Gegenwart inspirierte. Manchmal fragte er: «Würden Sie dieses Blau dort noch mal wiederholen?» Oder: «Ich glaube, diese Farbe ist hier zu kraß.» Ich konnte mir immer vorstellen, was er mit seinen Farben ausdrücken wollte, denn sie entsprachen genau meinem Lebensgefühl. Winfried war überrascht, daß ich ein so sicheres Urteil in bezug auf Farben und Licht hatte. Gleichzeitig wurde mir bewußt, daß ich dieses geschulte Auge Dieter zu verdanken hatte. Er hatte nicht nur für die Natur ein gutes Auge, sondern auch für Formen und Farben, weil er früher selbst gemalt hatte.

Dieses Mal knisterte keine erotische Spannung zwischen uns, das merkte ich sofort, als ich Winfried sah. Zwischendurch erwähnte ich mal, daß Dieter und ich in einer schweren Krise seien. Ach ja, Männer in diesem Alter hätten es mit sich selber schwer, sie würden merken, daß ihre Jugend schwindet und ihr hinterherrennen. Die Mädchen würden dabei immer jünger, er könne das an sich selbst beobachten, meinte er mit Selbstironie. Damit war für ihn das Thema abgehakt. Und statt enttäuscht zu sein, fühlte ich mich erleichtert.

Ich verbrachte viele Nachmittage und manchmal Abende bei Winfried. Es entstand eine Freundschaft daraus, die mir sehr viel bedeutete. Er erzählte mir von sich, über seine Begegnungen mit Frauen, über seine Ängste. Immer dann, wenn ich mich von Dieter besonders verletzt fühlte, sehnte ich mich nach Winfried und seinen Bildern. Und jedesmal ging ich getröstet weg. Dabei hatte ich ihm kaum etwas über Dieter erzählt, das tat ich ihm gegenüber überhaupt selten.

Trotz der wichtigen und schönen Begegnungen mit Winfried ging es mir zeitweise sehr schlecht, weil ich mich immer wieder über Dieter ärgerte. Neue Verletzungen kamen zu den alten hinzu. An einem Wochenende in Kappelsberg las Dieter ein Buch über die Liebe von Erich Fromm. Ich hatte es, als es als Taschenbuch herauskam, vor etwa acht Jahren gekauft und auch Dieter zu lesen gegeben, weil es mich so beeindruckt hatte. Ich wunderte mich zwar, Dieter mit einem Buch zu sehen, aber gleichzeitig freute ich mich darüber, weil ich daraus schloß, daß er anfing, sich mit unseren Problemen auseinanderzusetzen.

«Na, hast du meinen alten Fromm ausgegraben?» fragte ich ihn.

«Wieso deinen? Dieses Buch hat Barbara mir geschenkt. Ich wußte gar nicht, daß wir es auch haben.»

Ich war wie vom Donner gerührt. Als ich es ihm damals gab, hatten wir einen Disput über Liebe, und ich hoffte, er würde ein paar Seiten lesen, die ich ihm angestrichen hatte, vielleicht sogar das ganze Buch. Aber damals hatte er es schnell beiseite gelegt. Und jetzt, wo er es von Barbara bekommen hatte, las er es – und sie war die großartige, intelligente Frau, die er zutiefst bewunderte. Das war dieselbe kritiklose Bewunderung, die er an den Tag legte, als er etwas später Barbara zitierte, die gesagt hatte, heute könne sie ihre Seele mit den Beinen baumeln lassen. So etwas Originelles müsse einem erst mal einfallen, meinte er voller Hochachtung. Daß dieser Satz von Tucholsky stammte, wußte er nicht. Ich war wütend. Verliebte Männer in der Midlife-crisis sind doch geradezu lächerlich. Ich hätte Purzelbäume schlagen können, er hätte nicht mal hingesehen. Aber wenn Barbara ein gelesenes Zitat als ihr eigenes ausgab, dann erstarrte er vor Bewunderung!

Den Rest des Wochenendes war ich wieder deprimiert. Abends im Bett wartete ich auf ihn, in der wilden Hoffnung, er würde vielleicht doch mit mir reden oder mich streicheln oder mir irgendeine kleine Geste zukommen lassen, aus der ich schließen könnte, daß er sich wieder mir zugewendet hat und die Sache mit Barbara wirklich beendet ist. Natürlich geschah gar nichts in dieser Richtung.

Heute frage ich mich oft, woher ich damals immer wieder die Hoffnung nahm. Wahrscheinlich waren das Verhaltensmechanismen, die ganz tief in jedem Menschen verankert sind.

Dieter wurde mir gegenüber immer liebloser. Er

brüllte mich oft an und war immer gereizt. Kein Lächeln, nicht mal ein Blick. Er verhielt sich, als ob er nicht verheiratet wäre. Er kam und ging, wann es ihm paßte. Was ich machte, danach fragte er nicht, interessierte ihn auch nicht. Ich existierte einfach nicht mehr für ihn. Wahrscheinlich wollte er mich – unbewußt – provozieren, damit ich in die Trennung einwilligte oder sie sogar selber vorschlug. Dann würde ihn vermutlich sein schlechtes Gewissen nicht mehr so arg plagen. Denn was hatte er mir eigentlich ernsthaft vorzuwerfen? Ich war doch eine intelligente, attraktive Frau. Aber er begehrte mich nicht mehr, hatte er mir in brutaler Rücksichtslosigkeit an den Kopf geworfen. Wenn ich müde und abgespannt aus der Schule kam, an die Hausarbeit ging, den Wäschekorb aussortierte, hierhin die weiße Wäsche für sechzig Grad, dorthin die Buntwäsche für dreißig, seine Unterhosen und Strümpfe in den Händen hielt, packte mich wieder die Wut. Ich war wirklich nur noch seine Putzfrau, warum ließ ich mir das alles gefallen! Trennung war doch immer noch besser als dieser Zustand. Es war das erste Mal, daß ich den Gedanken an Trennung überhaupt an mich heranließ.

Nach dem Wochenende, als ich gerade wieder zornig Wäsche sortierte und eines von Dieters Hemden in der Hand hielt, hatte ich plötzlich den Mut, bei Jonathan Berg im Büro anzurufen. Ich kam nur bis zu seiner Sekretärin, Frau Lüderich, die ich kannte.

«Herr Berg ist in einer wichtigen Besprechung, kann ich ihm etwas ausrichten?»

«Ach, wissen Sie», sagte ich, «ich muß schon mit ihm selbst sprechen. Können Sie mir nicht einen Termin geben?»

«Natürlich», sagte Frau Lüderich. «Wie wäre es mit Donnerstag 17 Uhr?»

«Ja, wunderbar.»

Das war in zwei Tagen. Schön. Ich freute mich auf Jonathan. Ich weiß nicht mehr, was ich mir damals davon versprach, ich weiß nur, daß mir diese Initiative ein bißchen Selbstvertrauen gab. Zunächst einmal bekam ich jedoch Zweifel. Was sollte ich ihm denn eigentlich sagen? Als ich ihm dann gegenüberstand, war alles kein Problem mehr. Nachdem wir ein bißchen über das Wetter geplaudert hatten, und ich noch mal sein Büro bewunderte, sagte ich: «Wissen Sie, ich wollte einfach mal mit einem Mann sprechen, dem ich vertrauen kann. Dieter und ich haben Probleme. Er hatte eine Affäre, mit der er wohl immer noch nicht fertig ist.»

Er lächelte mich aus seinen grauen, liebevollen Augen an. Da saß ich ihm nun auf dem Sofa gegenüber. So oft hatte ich es mir in meinen Träumen vorgestellt, und nun war es wahr geworden. Es war ein gutes Gefühl, das mir Kraft und Zutrauen verlieh. Wir saßen im schönsten Büro, das ich je gesehen hatte. Zwar muß ich sagen, daß ich nicht viele Büros kenne. Aber immerhin einige aus der Werbebranche. Riesige Schuppen, spärlich möbliert, dafür aber vom

Feinsten. Chrom und Glas. An den Wänden die Bilder der Avantgarde. Alles durchgestylt. Und natürlich mit Blick über die Stadt. Anders das Büro von Jonathan. Es war zwar auch nicht gerade klein, aber es hatte eine sehr persönliche Atmosphäre. Man hatte den Eindruck, in einem alten Haus zu sein. Holzgetäfelte Wände in einem ganz lichten Blau gestrichen. Ein alter englischer Kamin, an den Wänden Stiche von alten Segelschiffen. Vor dem Kamin ein sehr ausladendes Sofa. Unheimlich bequem, man konnte sich so richtig hineinkuscheln. Im Rücken des Sofas ein englischer Riesenschreibtisch. Das Fenster ging über die ganze Wand und bestand aus lauter kleinen Sprossenscheiben, was den Eindruck des Privaten verstärkte. Man sah von hier aus auf eine Reihe restaurierter Fachwerkhäuser.

Als Jonathan und ich so vor dem Fenster standen und hinaussahen, bekannte ich lachend: «Wissen Sie, Ihr Büro hat's mir angetan!»

«Wie schön. Bitte kommen Sie wieder. Versprechen Sie mir, daß Sie wiederkommen?» Er sagte das sehr eindringlich, und ich sah ihn überrascht an. Dann aber verabschiedete ich mich. Ich wollte ihn nicht aufhalten, ich wußte ja, daß er ein vielbeschäftigter Mann war.

Unser zweites Gespräch fand kurz vor Weihnachten statt. Und wieder beflügelte mich das Zusammensein mit Jonathan. Ich glaube, ich war damals schon etwas verliebt, soweit man sich mit einem wunden Herzen verlieben kann. Was ich eigentlich von ihm erwartete? Ich weiß es nicht. Nichts Konkretes jedenfalls, dazu war ich noch zu sehr mit Dieter beschäftigt. Irgendein Auf-mich-Zukommen erwartete ich wohl schon von Jonathan, aber ich hatte keine feste Vorstellung davon. Er tat mir einfach gut. Seine Komplimente, seine Blicke, ich fühlte mich wieder als Frau bestätigt. Für einen Moment glaubte ich, mich von Dieter trennen zu können, ohne daß mein Leben zu Ende wäre. Gleichzeitig war mir auf einer anderen Bewußtseinsebene klar, daß es nicht der richtige Weg war, mich von Dieter über einen anderen Mann lösen zu wollen. Das konnte nicht funktionieren. Es ging nur über mich selbst. Ich mußte selbständig werden, allein leben können, erst dann würde ich eine neue Beziehung eingehen können. Aber ging es im Augenblick nicht ums Überleben?

Mit Schrecken dachte ich ans bevorstehende Weihnachtsfest. Es war zu einer kleinen Tradition geworden, daß wir mit meiner Mutter und Michael draußen in unserem Haus Weihnachten feierten. Das war so gemütlich. Im Kamin knisterte das Holz, es wehten weihnachtliche Gerüche durchs ganze Haus, die Schafe zogen friedlich an den Fenstern vorbei. Dieter und Michael gingen in den Garten, um aus unserem kleinen «Wald» eine Tanne zu schlagen, die meine Mutter und ich schmückten. Alle freuten sich immer darauf.

Aber wie würde es dieses Jahr werden? Meine Hoffnung, daß zwischen Dieter und mir bis Weihnachten wieder alles ins Lot kommen würde, hatte ich aufgegeben. Ich hatte meiner Mutter noch nichts von unserer Krise erzählt. Es würde ihr Kummer bereiten, sie war über achtzig. Ich wollte auch eine so wichtige Angelegenheit nicht am Telefon erledigen. Ich wollte meine Mutter vor mir sehen, in ihrem Gesicht die Reaktionen ablesen können. Doch seit den Herbstferien hatte ich sie noch nicht wieder besucht. Sie wohnte zwei Stunden von uns entfernt. Wir sahen uns fünf- bis sechsmal im Jahr. Aber wir telefonierten täglich miteinander. Würde sie etwas merken? Daß Dieter mich nicht ansah, wenn er mit mir sprach? Daß sein Ton nicht mehr liebevoll war? Daß er nur noch von «meinem» Haus, «meinem» Garten, «meinen» Schafen sprach, statt von «unser», wie ich es heute noch tat? Oder würde man das in drei Tagen nicht merken?

Weihnachten war vorüber. Michael hatte meine Mutter wieder in ihr Haus gebracht, allein reisen konnte sie nicht mehr, obgleich sie noch ganz allein lebte und sich selbst versorgte.

Für mich waren die drei Tage schrecklich gewesen. Dieter hatte so getan, als ob nichts wäre. Er war sogar zeitweise vergnügt gewesen und hatte Späße mit meiner Mutter gemacht, die er sehr liebte. Manchmal war es wie früher, und ich dachte für Bruchteile von Sekunden, es ist alles nur ein böser Traum. Aber das waren wirklich nur kurze Momente. Den Rest der Zeit mußte ich mich wahnsinnig zusammennehmen, ich durfte ja unter keinen Umständen – wie sonst so oft – in Tränen ausbrechen. Dieter konnte ich schließlich keinen Vorwurf daraus machen, daß er so vergnügt gewesen war, ich hatte ihn ja darum gebeten, meine Mutter nichts merken zu lassen. Trotzdem hatte es mich gekränkt, mit welcher Leichtigkeit es ihm gelang, vergnügt zu sein. Ich kannte ihn gut genug, um zu merken, daß er in diesen Tagen eine gewisse Erleichterung verspürte. Wahrscheinlich hatte er aufgeatmet, weil er wußte, ich würde keine Fragen stellen, würde nicht heulen, würde keine Vorwürfe und Szenen machen, alles unterlassen, was so lästig für ihn war.

Der Jahresanfang war deprimierend. Wir hatten im Bett gefrühstückt. Ich versuchte immer wieder, Dieter zu zeigen, wie schön es doch eigentlich zwischen uns sein könnte. Es war regnerisch und dunkel. Der Wind heulte ums Haus. So ein Tag, den man am liebsten gemütlich im Bett verbringen würde. Dieter erzählte von Utas Eheschwierigkeiten. Uta war eine Werbetexterin, die ich noch nie gesehen hatte, die Dieter aber schon des öfteren erwähnt hatte. Er arbeitete gern mit ihr zusammen. Es machte mich wütend, daß er sich über Utas Ehe Gedanken machte, sich aber seit Wochen weigerte, mit mir über unsere Probleme zu reden. Ich war drauf und dran zu sagen: «Na, da kannst du dich ja wieder als Tröster betätigen, das hast du bei Barbara doch schon so erfolgreich gemacht.» Aber ich schluckte diese bitteren Worte hinunter und fragte statt dessen: «Und wie siehst du unsere Situation?»

Er schwieg lange, und als ich ihn von der Seite ansah, merkte ich deutlich, wie sich sein Ausdruck veränderte. Er bekam wieder dieses feindliche, verschlossene Gesicht. Ich wußte, nun lief gar nichts mehr, ich hätte mir jedes weitere Wort sparen können, aber ich war viel zu erregt, ich hatte irres Herzklopfen und dieses innere Zittern, ein Zeichen höchster Spannung bei mir.

«Schwierig», sagte er nach langer Pause.

Es war zum Kotzen! Ich wußte doch, daß nichts anderes zu erwarten war. Ich wußte auch, daß es besser gewesen wäre, nicht über uns zu sprechen, aber diese hilflose Wut in mir mußte raus. Und verzweifelt redete ich über unsere Sexualität. Wir waren mal sehr leidenschaftlich miteinander umgegangen, hatten aber wohl nicht zur wahren Zärtlichkeit gefunden. Statt dessen war es zwischen uns immer öder und langweiliger geworden. Ich wurde immer wütender, wenn ich daran dachte, wie unerfüllt mein Liebesleben war.

Ich schwieg.

Der Zorn in mir wurde durch den stummen Mann neben mir nicht kleiner. Im Gegenteil, ich fand es infam, wie er sich durch sein eisiges Schweigen jeder Auseinandersetzung entzog, obwohl er sah, wie ich litt. Ich fing wieder an. «Wie ist denn deine Beziehung zu Barbara jetzt?» und hoffte, er würde sagen, es wäre nun endgültig vorbei.

«Sie sitzt mir halt noch im Kopf.»

Diese ewige Gummiantwort macht alles schlimmer. Dann erwähnte er beiläufig, Barbara sei aus der ehelichen Wohnung ausgezogen. Das war ja die Höhe! So ganz nebenher bekam ich das zu hören. Bis jetzt war ich der Meinung, daß Barbara alles für die Erhaltung ihrer Ehe täte. Und jetzt war sie ausgezogen. Mein Herzklopfen, das ich schon den ganzen Morgen hatte, verstärkte sich. Ich warf ihm seine Lieblosigkeit vor und beklagte mich, daß er mich wie Dreck behandele. Ich fing dann auch noch zu heulen an, konnte kaum sprechen. Er legte den Arm um mich, wahrscheinlich aus Verpflichtung, er wollte ja kein Schwein sein, das einem noch auf den Kopf haut, wenn man sowieso schon am Boden liegt.

Irgendwann gegen Mittag standen wir auf. Ich konnte es nicht lassen, wie unter Zwang mußte ich beim Mittagessen nochmal darauf zurückkommen, daß dieser Zustand nicht ewig dauern könne und er sich mal entscheiden müsse, was er eigentlich wolle! Ein Wort ergab das andere. Er sagte doch tatsächlich, daß er mich seit unserer Heirat betrüge. So sei das eben. Das sei eine ganz normale Ehe. Andere wären auch so. Ich kann mich nicht mehr an den weiteren Verlauf des Streits erinnern, ich weiß nur noch, daß er zornig rief, daß auch er leide, nicht nur ich! Ich solle doch zum Teufel gehen! Er schlug so mit der Faust auf den Tisch, daß eine Tasse mit Tee umkippte. Anschließend zerschlug er noch zwei Teller. Zunächst blieb ich ruhig, es war eine Art Schock, dann lief ich weinend raus, setzte mich ins Auto und fuhr in den Wald. Ich wollte allein sein, spazierengehen. Aber es war ein Teufelskreis. Ich konnte immer nur dasselbe denken. Immer wieder. Ich nahm mir vor, ihm zu Hause zu sagen, daß er seine Ruhe nur deshalb haben wolle, weil beim Reden das Leid des anderen bloßgelegt würde, und das sei ihm lästig.

Als ich dann nach Hause kam, las er ein Manuskript. Mein schön zurechtgelegter Satz kam gar nicht an. Er reagierte einfach nicht. Und schon wieder mit Tränen in den Augen sagte ich: «Und wenn dir Barbara immer noch im Kopf sitzt, dann möchte ich nicht mehr mit dir in einem Bett schlafen! Zumal du mich ja sowieso nicht anrührst. Ich empfinde das als demütigend.»

Ja, das könne er verstehen, war sein einziger Kommentar.

Abends schliefen wir doch in einem Bett. Natürlich hatte ich mich nicht an das gehalten, was ich mir morgens vorgenommen hatte. Im Gegenteil. Ich hätte ohne das Gefühl, daß er irgendwann in der Nacht wie immer ins Bett kommt, gar nicht einschlafen können.

Heute kann ich nicht mehr begreifen, wie ich es jahrelang neben einem Mann hatte aushalten können, der mich nicht anrührte. Aber damals hoffte ich Nacht für Nacht, heute könnte etwas passieren!

Die Tage verrannen langsam und quälend, abgesehen von einigen wenigen Lichtblicken. Ich konnte meine Gefühle nicht mehr steuern oder Einfluß auf sie nehmen, sondern ich wurde von ihnen beherrscht: Wut, Trauer, Depression, verletzte Eitelkeit, Angst vor dem Verlassenwerden und dem Alleinsein. Ließ ich mich deswegen so demütigen? Neulich hatte ich irgendwo gelesen, daß zu jeder demütigenden Situation zwei gehören, einer der demütigt, und einer, der sich demütigen läßt. Also haben beide schuld an der Situation. Aber das wollte ich zu jenem Zeitpunkt nicht einsehen.

An einem Nachmittag rief Dieter aus dem Büro an. Er war sehr erregt, ich hörte die Empörung aus seiner Stimme. Hansemann, einer der Werbetexter, habe ihn und seinen Chef angelogen. Das müsse ich mir mal vorstellen, angelogen in übelster Weise! Am liebsten möchte er ihn dafür fristlos entlassen! Eine solche Lüge würde das Vertrauen zerstören, da könne man nicht mehr zusammenarbeiten.

Eine ungeheure Bitterkeit kam in mir hoch. Wie oft hatte er mich angelogen, wie oft hatte er mein Vertrauen zerstört. Was für eine verlogene Moral. Er besaß überhaupt kein Unrechtsbewußtsein. Am liebsten hätte ich ihm ins Gesicht schreien mögen, was für ein mieser Typ er sei. Aber ich war so empört, daß ich kein Wort herausbrachte.

Ich mußte Kraft finden. Das gelang mir manchmal für Stunden, wenn ich beim Yoga war oder in irgendein Buch eintauchte. Ich mußte etwas Gutes für mich tun, wenn ich jemals aus diesem Teufelskreis ausbrechen wollte.

Seit ich damals vor meiner Heirat einige Monate in New York gelebt hatte, war es mein Traum, San Francisco zu sehen. Damals studierte ich noch und hatte kein Geld, um in den Westen zu fahren. Später hatte es sich dann nie mehr ergeben. Warum sollte ich jetzt nicht fahren? Immer mehr setzte sich dieser Gedanke bei mir fest. Und es half. Jedesmal, wenn ich dachte, ich halte das alles nicht mehr aus, sah ich San Francisco vor mir.

Meine Pläne verdichteten sich. Die erste Woche würde ich mir eine kleine Wohnung suchen, die zweite ein Auto mieten und damit an der Küste entlang nach Los Angeles fahren. Ganz gemütlich. Dort halten und übernachten, wo es mir Spaß machen würde. Die Frühjahrsferien dauerten diesmal drei Wochen, das war ein Glück für mich. Aber meinen Plan würde ich erst im März verwirklichen können. Jetzt hatten wir Januar. Noch eine lange Zeit für jemanden, der unglücklich ist.

Da war noch ein anderer Plan, den ich schon lange hegte und nie verwirklicht hatte: Ich wollte einmal mit Michael an einem Wochenende allein irgendwohin fahren. In irgendeine Stadt in Europa, die ich nicht kannte und die ich mir gerne mit meinem Sohn gemeinsam ansehen wollte. Ich stellte es mir toll vor, mit ihm ein paar Tage allein zu sein. Wir hatten das bislang nie geschafft. Als er noch klein war, war Dieter natürlich immer in den Ferien dabei. Und später reiste Michael mit seinen Freundinnen. Vor gar nicht langer Zeit, als ich meine Ehe noch intakt glaubte, hatte ich diesen Vorschlag mal gemacht, und Michael fand das eine gute Idee.

Als ich an einem Tag abgehetzt aus der Schule kam, fand ich zwei Benachrichtigungen von der Steuer vor, die sich dramatisch anhörten. Alles was mit Steuer und Behörden zusammenhing, versetzte mich in Panik. Ich haßte so was. Entweder ließ ich die Briefe ungeöffnet tagelang liegen, oder aber ich rief Dieter an, der gelassener und vernünftiger reagierte als ich, was mich wiederum beruhigte. Diese beiden Steuerbenachrichtigungen ließen mir jedenfalls keine Ruhe. Ich rief also Dieter an. Er sei längere Zeit außer Haus, wurde mir von seiner Sekretärin ausgerichtet. Sofort klingelten wieder alle Alarmglocken bei mir. Ich hatte das Gefühl, mein Herz würde abgeschnürt. Ich rief bei Barbara an. Es meldete sich niemand. Kurz darauf meldete sich Dieter. Ob was los sei, er sei bei BMW gewesen wegen dem Auto. Ich erzählte ihm von der Steuer und rief dann sofort Barbara an. Jetzt war sie wieder da. Mein Gott, war das erniedrigend für mich! Ich haßte mich für dieses Hinterherspionieren und Dieter für sein verlogenes Handeln. Wütend rief ich wieder bei Dieter an, er möge bitte heute so früh nach Hause kommen, daß ich mit ihm sprechen könne; er solle mir doch bitte mal erklären, was Barbara mit BMW zu tun habe.

Als er dann abends kam, hatte ich mich wieder beruhigt. Wir aßen eine Kleinigkeit zusammen. Ja, er habe Barbara mal wieder außerhalb des Büros sehen und sprechen wollen. «Was ist denn nun eigentlich?» rief ich erbittert. «Ich denke, es ist aus, dann ist es doch kein Zustand, wenn ihr euch täglich im Büro seht! Und dann triffst du sie auch noch außerhalb des Büros, das ist doch verlogen!»

Ich ließ wieder alle Vorwürfe raus, obwohl mir im Hinterkopf klar war, wie sinnlos das war. Dieter verschloß sich sofort, setzte sein Feindgesicht auf. Ich redete gegen eine Wand. Es endete wie immer mit Tränen, und ich machte einen Fehler nach dem anderen. Die Zeit war reif, ihn rauszuschmeißen. Dabei dachte ich sofort: Das ist ja eigentlich genau das, was er will.

Die Nacht war furchtbar, ich glaube, ich schlief zwei Stunden. Am nächsten Tag machte ich alles wie in Trance, als ob ich neben mir stehen und mich beobachten würde. Es war nicht mal ein unangenehmes Gefühl, weil ich alles nur noch gedämpft empfand und so der Schmerz auch nicht an mich herankam.

Mir war klar, daß ich mich von ihm trennen mußte. Aber sich von jemandem zu lösen, ist ja kein Entschluß, sondern ein Prozeß. Jedesmal wenn ich den Gedanken an Trennung ins Auge faßte, schoben sich Bilder von früher davor: Dieter liebevoll, zärtlich, anregend. Ein Mann, den ich nicht verlieren wollte. Ich weiß noch, wie ich eines Morgens aufwachte, meinen Fuß zu Dieters Bett ausstreckte und nicht auf Widerstand stieß. Da war ich hellwach. Dann hörte ich in der Küche leise vertraute Geräusche. Das Quietschen kam von der linken Küchenschranktür und das Scheppern von den Teetassen. Dieter machte Frühstück. Mich überkam ein tiefes, dankbares Glücksgefühl. Was hatte ich für einen süßen Mann! Ich war mir meiner Liebe in jeder Faser meines Herzens und meines Körpers bewußt.

«Guten Morgen, Puschel», rief ich noch etwas verschlafen. Ich wollte keine Minute des Tages mit ihm versäumen. Er machte die Tür auf. Da stand er und strahlte mit seinen blauen Augen. Er beugte sich über mich und küßte mich sanft und zärtlich.

«Ich habe Frühstück für dich gemacht mit einer kleinen Überraschung. Mach die Augen zu.»

Das war eins seiner vielen Spielchen, an denen wir beide große Freude hatten. Ich machte die Augen zu und hörte ihn das Tablett mit den Beinen für das Bett aus dem Nachtschrank nehmen und in die Küche gehen. Gleich darauf kam er zurück und sagte: «Immer zulassen die Augen, jetzt setz dich bequem hin, ja so.»

Er stellte das Tablett ab, ich durfte die Augen aufmachen. Das war wirklich eine Überraschung! Neben der großen Teetasse lag auf einem Holzbrettchen mein Käsebrot, kunstvoll in Dreiecke geschnitten und zu einem Stern zusammengefügt. Auf dem restlichen Platz waren aus Gänseblümchen die Worte «Ich liebe dich» geformt.

«Ich liebe dich, ich liebe dich. Ich habe den hinreißendsten Mann der Welt», rief ich. Es war nicht immer einfach mit ihm, aber es gab so vieles, was außergewöhnlich an ihm war, und das entschädigte für alles. Man kann schließlich nicht nur Sonnenschein im Leben erwarten.

«Weißt du, ich habe gestern mit Toni gesprochen», sagte Dieter. Toni war seine alte Kinderfrau, die im Haushalt seiner Eltern lebte, bis er sechzehn war. Er hing mit großer Liebe an ihr und hatte mir oft rührende Geschichten erzählt. Jetzt war sie alt und allein. Dieter kümmerte sich liebevoll um sie, schrieb ihr Postkarten aus dem Urlaub, rief sie oft an und munterte sie in ihrer Einsamkeit auf. Er gab ihr auch Ratschläge, welchen Kräutertee sie bei Grippe trinken sollte oder welche Salbe für ihr Rheuma gut wäre. Toni lebte auf, wenn sie Dieters Stimme hörte. Manchmal kam mir der Gedanke, daß sie nur noch für Dieter lebte.

«Sie klang sehr kläglich am Telefon und weinte», fuhr er fort. «Das ist mir sehr nahe gegangen. Was hältst du davon, wenn wir zu ihr fahren? Es sind zwar zwei Stunden Autofahrt, aber wenn wir gemütlich über die Dörfer fahren, haben wir auch etwas davon. Es ist ein so herrlicher Sommertag!»

Ich fand das eine gute Idee und liebte ihn für die selbstlose Art, wie er sich um Toni kümmerte. Dieter konnte sich unglaublich für seine Freunde einsetzen, da scheute er keine Mühe.

Es wurde eine wunderschöne Fahrt durch die Dörfer und Felder. Der Raps blühte und überstrahlte die ganze Landschaft. Dieter hielt an einer besonders malerischen Stelle an. «Sieh mal, wie das Gelb in dieser hügeligen Landschaft verschiedene Töne hat.» Er legte den Arm um mich. «Wenn ich das so sehe, bedaure ich es sehr, daß ich nicht mehr male», sagte er. Seine jungenhafte Fröhlichkeit war plötzlich verschwunden. Ich wußte, daß es Zeiten gab, in denen er darunter litt, nicht mehr zum Malen zu kommen.

Wir standen eine Weile aneinandergelehnt da, wissend, daß jeder den anderen verstand, für ihn da war. Ein Gefühl des Zusammengehörens durchströmte mich. Es war ein glücklicher Moment.

Und dennoch: Wenn solche Bilder aufkamen, setzte ich ganz bewußt andere Gedanken entgegen, zum Beispiel wie er mit Barbara zum Essen ging, weil ihm danach war, für mich aber schon seit einem Jahr keine Zeit mehr hatte. Und jeden Abend so spät nach Haus kam, daß wir uns nicht sahen, so daß er auf diese Weise jeder Auseinandersetzung ausweichen konnte. Und schon war ich wieder deprimiert.

Für den Wochenendtrip war Michaels und meine Wahl auf Wien gefallen. Drei Tage lang war ich völlig verzaubert von dieser Stadt. Sie hat einen ganz eigenen Charakter, ist mit keiner anderen Metropole zu vergleichen. Michael und ich hatten uns ein großes Programm vorgenommen. Mit Dieter hätte ich das auch getan, aber wir hätten höchstens ein Drittel geschafft, weil er morgens vielleicht länger schlafen wollte, weil er eine schlechte Nacht gehabt oder weil ihm irgend etwas weh tat, oder indem er ganz einfach alles umschmiß, um ein anderes Programm zu haben. Nicht so mit Michael. Seinen Vorschlag, eine Stadtrundfahrt zu machen, fand ich geradezu ideal. Stadtrundfahrten hatte ich bis dahin immer verächtlich abgetan. Dieter auch. Er fand, es sei individueller und sinnvoller, sich ein Auto zu mieten und auf eigene Faust eine Stadt zu entdecken.

Neben Michael im Bus zu sitzen, tat mir gut. Obwohl wir, seitdem er erwachsen war, nie mehr Zärtlichkeiten ausgetauscht hatten, wußte ich, daß er mich liebte und sehr an mir hing. Das gab mir auch das Gefühl von totalem Vertrauen, was für mich lebensnotwendig ist. Mißtrauen dagegen holt ganz miese Eigenschaften aus mir heraus, die ich am liebsten nicht wahrhaben möchte. Viellcicht wurde ich deswegen mit Dieters Vertrauensbruch so schwer fertig.

Durch die Stadtrundfahrt bekamen wir einen guten Überblick und einigten uns sehr schnell, was wir uns später nochmal mit dem Auto ansehen wollten. Der Bus ließ nichts aus: Hofburg, Karlskirche, dann diese überladenen Denkmäler von Maria Theresia und Prinz Eugen bis zum Walzerkönig Strauß in schönstem Zuckerbäckerstil im Stadtpark. Diese Art von großzügigem Kitsch störte mich nicht, schon gar nicht, wenn er sich ins Gesamtbild einfügte wie hier. Ich liebe auch den Kitsch auf Friedhöfen. Michael teilte diese Liebe, und so spazierten wir später gemeinsam zwischen Friedhofsengeln umher, an denen ich mich gar nicht satt sehen konnte.

Ich bin sonst immer sehr sparsam und suche mir preiswerte Hotels oder Pensionen raus, aber diesmal war ich mit Michael im Imperial abgestiegen. Ein herrlicher alter Kasten, der für den Herzog von Württemberg gebaut worden war. Als aber an der Rückseite des Palais eine Straße, die Bösendorfer-Straße angelegt wurde, verlor der Herzog das Interesse und verkaufte sein Palais. Es wurde erstmals als Hotel während der Weltausstellung von 1873 benutzt. Die Einrichtung blieb seither nahezu unverändert. Viel roter Plüsch und Spiegel in solcher Fülle, wie ich sie bis dahin höchstens in französischen Schlössern gesehen hatte. Wir genossen den Luxus vergangener Zeiten, und er trug dazu bei, diese Reise für mich zu einem unvergeßlichen Erlebnis zu machen.

Nach unserer Orientierungsfahrt durch die Stadt saßen wir im Café Demel. Es war sehr gemütlich dort. Alle kleinen Marmortische waren besetzt, der Geräuschpegel, der durch die Gespräche entstand, war anheimelnd. Man war nicht allein, und trotzdem vermittelte die Atmosphäre Anonymität. Ich hätte über die intimsten Dinge sprechen können, niemand hätte es gehört. Ich war drauf und dran, Michael von Dieter und mir zu erzählen, ließ es dann doch, aus der Überlegung heraus, daß es vielleicht besser wäre, am Abend mit ihm zu sprechen. Statt dessen genoß ich meine Umgebung und freute mich darüber, daß ich mich jetzt, wo ich räumlichen Abstand zu Dieter hatte, auch innerlich von ihm freier fühlte und meine alte Begeisterungsfähigkeit erwachte. Ich fühlte mich seit langer Zeit mal wieder richtig wohl. Michael und ich alberten rum und genossen unser Beisammensein, das etwas Seltsames und Kostbares war. Ich war ausgelassen und fröhlich. Ich war wieder die alte und nicht die ewig heulende, wartende Frau, die ihrem Mann auf die Nerven ging.

Später, als wir dann in meinem Zimmer saßen – Michael hatte seins nebenan mit einer Verbindungstür –, redete ich über meinen Kummer. Ich versuchte so objektiv wie möglich zu sein, denn ich wollte das ohnehin schlechte und gespannte Verhältnis zwischen Dieter und Michael nicht noch mehr belasten. Er reagierte sehr verständnisvoll, obgleich zurückhaltend.

«Glaubst du nicht, daß vieles darin begründet ist, daß du die stärkere Persönlichkeit bist?» fragte er.

«Aber das stimmt doch gar nicht», rief ich verzweifelt. «Das mag früher so gewesen sein, als der Altersunterschied von immerhin sechs Jahren eine Rolle spielte, aber inzwischen hat sich Dieter doch ungeheuer entwickelt, hat in seinem Job etwas geleistet...»

Aber Michael blieb dabei, zwischen uns sei ein Ungleichgewicht, ich sei die Stärkere. Dasselbe hatte Dieter mir vorgeworfen, ich sei ihm überlegen, und das sei schwer zu verkraften.

Während unseres Gesprächs machte Michael eine Andeutung über Susanne und Dieter. Die Bemerkung gab mir einen Stich – aber ich wollte Michael jetzt nicht löchern. Ich würde Susanne selbst fragen, wenn ich sie das nächste Mal sähe. Hoffentlich hatte ich dann den Mut dazu!

Schon auf dem Rückweg im Flugzeug holte mich die Krise wieder ein. Aber von Wien zehrte ich noch einige Zeit in meinen Tagträumen.

Als Susanne das nächste Mal kam, und ich ihr sagte, daß ich mich mit dem Gedanken der Trennung befaßte, merkte ich ihre Betroffenheit. Es sprudelte nur so aus ihr heraus. Sie habe schon lange mit mir reden wollen, aber das letzte Mal, als wir uns sahen, kurz vor Michaels Geburtstag, hätte ich so überzeugt von der großen Liebe zwischen Dieter und mir gesprochen, daß sie sich nicht getraut hätte.

Dieter habe früher, als ich einmal bei meinen Eltern war, ihr gegenüber heftige Annäherungsversuche gemacht. Er habe sie immer wieder angerufen und sie in unsere Wohnung eingeladen. Dem sei sie zwar ausgewichen, sei aber schließlich mit ihm essen gegangen. Bei dieser Gelegenheit habe er ihr gesagt, daß er vom ersten Tag an eine Schwäche für sie gehabt hätte. Er sei dabei recht deutlich geworden. Das Ganze habe sie sehr belastet, und sie sei froh, daß sie das endlich von der Seele hätte. Sie hätte Angst gehabt, unsere intensive Freundschaft zu gefährden.

Ich war erleichtert, als Susanne gegangen war. Ich mußte allein sein. Dieser miese Typ! Das war ja wohl nicht zu fassen! Jetzt verstand ich, warum er es nicht ertragen konnte, wenn Michael in Kappelsberg übernachtete und einige Meter von ihm entfernt mit Susanne geschlafen hatte. Mit diesem Kerl, der sich hinter meinem Rücken an eine meiner besten Freundinnen heranmachte, während ich bei meinem schwerkranken Vater am Krankenbett saß, wollte ich nicht mehr zusammenleben! Jetzt war der Leidensdruck so stark geworden, daß ich den Mut zur Trennung hatte. Ich wollte mich trennen. Allein leben war immer noch besser als so wie jetzt.

Und seitdem ich das dachte, ging es mir besser. Ich fühlte mich beinahe befreit. Heute abend noch würde ich es ihm sagen. Er solle seine Sachen packen und ausziehen. Bis er ein Zimmer oder eine kleine Wohnung gefunden habe, könne er ja in Kappelsberg leben. Aber das war nun nicht mehr mein Problem. Ich mußte aufhören, immer noch für ihn mitzudenken.

Ich war in höchstem Maße erregt und wartete auf der einen Seite darauf, daß Dieter so schnell wie möglich nach Hause käme, damit ich es endlich hinter mich brächte, auf der andern Seite hatte ich Angst vor diesem endgültigen Schritt.

Als Dieter schließlich kam, muffig und gereizt wie immer in der letzten Zeit, nahm ich all meinen Mut zusammen und sagte ihm, daß dies eigentlich keine Ehe mehr sei und er sich ja auch nicht die leiseste Mühe gäbe, irgendeine neue Basis für uns zu finden, da er weiterhin jedem Gespräch aus dem Wege gehe. Er hätte wohl recht, es sei besser, wenn wir uns beide für eine gewisse Zeit trennen würden. Er nahm das ohne Überraschung auf. Nachdem er etwas gegessen hatte, packte er ein paar Sachen und zog ab. Ich hatte mir das dramatischer vorgestellt. Aber als er dann gegangen war, war all meine Wut verflogen. Ich fühlte nur noch Trauer in mir. Wie sollte ich es nur aushalten allein. Ich hatte solche Sehnsucht nach ihm, nicht nach diesem lieblosen ekligen Mann, der er in der letzten Zeit gewesen war, sondern nach dem Dieter von früher...

Ja, ich erinnerte mich sehr wohl an den denkwürdigen Tag, als Dieter mich ins Krankenhaus brachte und ich mich ihm verbunden fühlte wie nie einem Menschen in meinem Leben.

Es war 1981. Ich hatte die großen Ferien wie immer in Kappelsberg verbracht. Das waren sechs Wochen. Eine herrliche Zeit. Dieter hatte auch Urlaub genommen, so waren wir vier Wochen zusammen draußen. Die restlichen Tage kam er immer abends raus und fuhr am nächsten Morgen wieder ins Büro. Trotz der langen Ferien und des schönen Wetters fühlte ich mich elend und keineswegs erholt. Morgens kam ich kaum hoch, bei der kleinsten Anstrengung brach mir der Schweiß aus. Ich sagte mir, das bringt das Alter mit sich, ich muß eben mit meinen Kräften haushalten. Als dann die Schule begann und ich mich schlechter fühlte als vor den Ferien, und dann auch noch einer meiner türkischen Schüler eine ansteckende Gelbsucht hatte, geriet ich in Panik und ging endlich zum Arzt.

Dr. Dragge untersuchte mich, nahm mir Blut ab und sagte, ich sollte zusätzlich einen Radiologen aufsuchen und von meinem Bauch eine Röntgen- und Ultraschallaufnahme machen lassen. Und morgen wiederkommen, dann wisse er mehr.

Ich schleppte mich also zum Röntgenarzt und ließ alle Untersuchungen über mich ergehen. Die sind ja nicht unangenehm, nur fühlte ich mich so wahnsinnig elend. Am nächsten Tag ging ich mutlos zu Dr. Dragge. Er gab sich nicht so salopp wie sonst, sondern kam mir etwas fahrig und nervös vor.

«Bitte nehmen Sie Platz», sagte er und deutete auf den Stuhl vor sich. «Ich habe jetzt die Ergebnisse vorliegen. Die von der Blutuntersuchung und auch die Ultraschallergebnisse.» Er machte eine Pause. «Der Kollege hat einen Tumor in der Bauchspeicheldrüse und Metastasen in der Leber festgestellt. Wir müssen als Arbeitshypothese Krebs annehmen.»

Ich blieb merkwürdigerweise ganz ruhig. Ich hatte das Gefühl, daß langsam alles Blut aus meinem Kopf floß und eine Art Lähmung von mir Besitz ergriff. Meine Lippen waren plötzlich ganz trocken, ich fuhr mit der Zunge darüber. Es waren keinerlei Gefühle von Trauer, Entsetzen, Angst oder Panik in mir. Ich war vollkommen leer.

«Sie müssen sofort in ein Krankenhaus und eine Bauchöffnung machen lassen, denn auch die Blutwerte lassen eine solche Diagnose zu. Ich werde ein Zimmer für Sie suchen.»

«Ich möchte erst nach Hause», sagte ich und ging wie eine Schlafwandlerin hinaus. Wie ich mit dem Auto nach Hause gekommen, weiß ich nicht mehr. Als ich die Wohnung betrat, saß Dieter im schwarzen Sessel und blätterte in irgendwelchen Manuskripten. Ich konnte mich nicht erinnern, daß er jemals vormittags aus dem Büro gekommen war. Das war eine Fügung, ging es mir durch den Kopf. Und immer noch ruhig erzählte ich ihm von der Diagnose. Ich sah, wie er blaß wurde unter seiner sonnengebräunten Haut. «Moment, jetzt rufe ich erst mal Dr. van Arendt an.» Van Arendt war Chefarzt der Chirurgie im Dorotheenkrankenhaus. Nach längerem Hin- und Hertelefonieren hatte ihn Dieter endlich an der Strippe und erzählte ihm meine Geschichte. Seine Stimme war belegt, ich hörte seine Erregung heraus. «Er hat gesagt, wir sollen sofort kommen.» Ich stand auf. Jegliches Zeitgefühl hatte ich verloren. Dieter legte den Arm um mich und zog mich an sich. So standen wir eng aneinandergeschmiegt. Ich spürte Dieters unterdrücktes Schluchzen. Und dann merkte ich, wie wieder Leben in mich eindrang. Als wir gemeinsam die Treppe hinuntergingen, stützte Dieter mich, und sein Arm zitterte dabei. Ich habe nie wieder solche Liebe zu ihm empfunden wie in diesem Augenblick. Ich war mir in diesem Moment auch seiner Liebe ganz sicher, und das verlieh mir ungeheure Kraft. Ich war glücklich, so schizophren das auch klingt.

Dr. van Arendt strahlte ungeheure Ruhe aus, und ich hatte Vertrauen zu ihm. «Nun wollen wir erst mal alles genau untersuchen, und dann sehen wir weiter.» Es folgten nochmalige Blutuntersuchungen, eine Computertomographie, bei der die Bauchspeicheldrüse segmentweise geröntgt und eine Drüsenspiegelung gemacht wurde. Danach ging es mir noch viel schlechter. Aber ich hatte keinen Krebs. Der Tumor war eine Zyste. Ich hatte eine akute Pankreatitis, also eine Bauchspeicheldrüsenentzündung. Auch nicht gerade komisch. Ich blieb drei Wochen im Krankenhaus und wurde mit guten Ratschlägen bezüglich einer Diät entlassen: leichte Krankenkost, alles gekocht, mageres Fleisch, Kartoffelbrei usw. Zu Hause ging es mir weiterhin so schlecht, daß ich kaum aufstehen konnte und Schwierigkeiten hatte, mich selbst zu versorgen. Dieter war in dieser Zeit rührend um mich besorgt, zeigte mir immer wieder seine Liebe.

Eines Tages begriff ich, daß ich nie wieder gesund werden würde, wenn nicht irgend etwas Grundlegendes geschähe. Ich warf alle Ratschläge, die ich vom Krankenhaus mitgebracht hatte, über Bord und fing an, mich nach der Vollwertkost von Dr. Bruker zu richten. Ich war jetzt drei Monate zu Hause und immer noch nicht arbeitsfähig. Sie müssen Geduld haben, war der Satz, den ich immer wieder hörte. Ich kaufte mir eine Getreidemühle, machte mir morgens mein Müsli, mied Weißbrot, aß statt dessen nur noch Vollkornbrot, Salate und viel Gemüse. Kaffee, Tee und Alkohol hatte ich sowieso schon gestrichen.

Dieter unterstützte mich sehr, als ich begann, meine Ernährung radikal umzustellen. Ihm leuchtete das alles ein. Da er phantasiebegabt, ein Gourmet und außerdem ein guter Koch ist, erfand er immer neue Gerichte, die uns beiden Spaß machten. Es eröffnete sich für uns eine ganz neue Welt, ein neuer gemeinsamer Genuß. Nach zwei Monaten ging es mir wieder besser. Ich hatte mein normales Gewicht wieder, hatte morgens nicht mehr diese bleierne Müdigkeit. Mein Leben war mir neu geschenkt, und ich war sehr dankbar dafür. Ohne Dieters liebevolle, geduldige Anteilnahme und Zuwendung hätte ich das nie geschafft.

Jetzt, nachdem er gegangen war, wollte ich einfach nicht begreifen, daß er dieser Mann nun für Barbara war und nicht für mich. Ich litt sehr unter der Trennung, obgleich sich so furchtbar viel für mich gar nicht änderte. Ich hatte ihn ja auch vorher während der Woche selten gesehen. Und am Wochenende höchstens zum Essen. Und das verlief meistens in gereizter Stimmung. Und doch war es anders, ich war jetzt eine verlassene Frau. Ich glaube, ich verband einen Makel damit, obwohl ich es nicht zugeben wollte. Ich weinte viel und hatte großes Selbstmitleid, konnte mir aber doch oft selbst eine Therapie verordnen: Ich rief eine Freundin an, ging zu Winfried oder stürzte mich in irgendeine andere Aktivität. Das half, denn ich wollte ja überleben, rauskommen aus diesem Dilemma.

Dieters Schwester hatte mich nach London eingeladen, wo sie mit Mann und Tochter lebte. Ich hatte mit ihr über unsere Ehekrise gesprochen, und sie hatte sehr mitfühlend reagiert. Das freute mich, denn Gudrun liebte ihren Bruder abgöttisch und vollkommen kritiklos.

«Du mußt jetzt verstärkt dein eigenes Leben führen. Es wird dir guttun, mal rauszukommen. Also komm zu uns, Katharina. Guck dir ein paar schöne Museen an. Und wenn du Lust hast, fahren wir nach Kew Gardens und besichtigen die herrlichen alten Gewächshäuser, das wird dir Spaß machen. Hier blühen schon die ersten Osterglocken, die Krokusse sowieso, und wir haben erst Anfang Februar, wo bei euch noch Eis und Schnee liegen. In ein paar Tagen hast du doch Geburtstag. Schenk dir die Reise zum Geburtstag!»

Ja, das war eine gute Idee. Bis jetzt hatte ich nur mit Grauen an meinen Geburtstag gedacht. Ich hatte ihn nie gefeiert und mir nichts daraus gemacht.

Meistens gingen Dieter, ich und Michael mit seiner Freundin in einem Restaurant meiner Wahl essen, und das war's. Diesmal hatte ich an einem Freitag Geburtstag, das heißt, ich könnte Samstag morgen nach London fliegen und am Montag zurückkommen, denn ich hatte montags frei. In fünf Tagen würde ich fahren. Kurz entschlossen rief ich mein Reisebüro an und buchte für Samstag früh.

Am Freitag, als ich mittags nach Hause kam, stand ein großer Strauß roter Rosen im Wohnzimmer mit einer Visitenkarte von Dieter: «Eine für jedes Jahr Deiner Liebe und Fürsorge! Bis später! D.» Ich brach in Tränen aus, warum konnte es nicht wieder wie früher sein? Hängt er nicht doch noch an mir? Kurz darauf rief er an und sagte: «Wir könnten heute abend bei diesem Franzosen gegenüber der Musikhalle essen gehen, bei dem ich neulich war und der mir so gut gefallen hat.»

«Ja gern. Holst du mich gegen halb acht ab?»

«Ja. Also bis nachher.»

Dieter war vor zwölf Tagen ausgezogen. Trotzdem rief er immer wieder aus dem Büro an und kam manchmal abends, bevor er nach Kappelsberg rausfuhr, zu mir in die Wohnung. Eine wirkliche Trennung kam auf diese Weise nicht zustande. Aber ich war froh über diesen Zustand; ich weiß nicht, wie ich zu jenem Zeitpunkt eine totale Trennung verkraftet hätte.

Ich wusch mir die Haare, suchte lange in meinen Sachen herum, bis ich etwas fand, das Gnade vor meinen Augen hatte und von dem ich wußte, daß es Dieter gefallen würde, und machte mir ein sorgfältiges Make-up. Ich war mir bewußt, daß dieses Verhalten niemals zur Abnabelung führen würde. Aber ich konnte nicht anders. Ich wollte ihn zurückhaben, unter allen Umständen, auch wenn es mit noch so viel Leiden verbunden war.

Wenn ich manchmal verzweifelt war über das Dilemma, mich lösen zu wollen, aber nicht zu können, griff ich wieder zu Judith Jannbergs Buch. Sie hatte sechzehn Jahre in diesem Zustand der Abhängigkeit gelebt. Wenn auch meine Situation mit der ihren nicht vergleichbar war, sie hatte drei Kinder und keine Berufstätigkeit während ihrer Ehe, so tröstete mich ihr Buch doch immer wieder.

Was war es eigentlich, das mich so an Dieter band? Abhängigkeit ist leicht gesagt, aber was ist das denn, Abhängigkeit? Was ist Liebe? Meine Wertvorstellungen waren alle ins Wanken geraten. Ganz sicher liebte ich das Zusammensein mit Dieter, seine Einfälle, seine Phantasie, die anregenden Gespräche mit ihm. Aber das gab es ja nicht mehr. Also was war es dann? Hing ich an dem Status der verheirateten Frau? Noch wurden wir gemeinsam eingeladen. Und Dieter hatte durch seinen Beruf eine Menge interessanter Leute in unsere Beziehung eingebracht. Das konnte ich von meinem Berufsleben nicht behaupten. Ich bin kein konventioneller Typ, Status ist nicht wichtig für mich. Vielleicht die finanzielle Sicherheit? Eigentlich auch nicht. Ich habe meinen Beruf, von dem ich zwar nicht so leben kann wie mit Dieters Einkommen, und er war in dieser Beziehung immer sehr großzügig, aber ich käme damit über die Runden. Wir haben ein gemeinsames Konto, das heißt, ich habe Vollmacht für sein Konto. Er weiß natürlich, daß ich das niemals ausnützen würde. Also das ist es auch nicht. Angst vor dem Alleinsein? Ja, das ist es wohl am ehesten. Obgleich ich immer viel allein in dieser Ehe war.

Ab halb acht stand ich am Fenster und wartete. Und wie oft kam Dieter zu spät! Fast immer war er unpünktlich. Ich habe mich in den vielen Jahren unserer Ehe niemals daran gewöhnen können. Ich habe auch nicht gelernt, damit umzugehen, sondern habe mich jedesmal wieder darüber geärgert. So auch jetzt, als es acht Uhr schlug und er immer noch nicht da war.

Um kurz vor halb neun kam er endlich. Meine Laune war inzwischen auf einem Tiefpunkt. Hätte er nicht wenigstens an meinem Geburtstag pünktlich sein können? Im Restaurant gab er sich Mühe, freundlich zu sein, aber ich spürte diese Mühe zu deutlich heraus. Er erzählte ein bißchen vom Büro wie immer, und ich hörte geduldig zu, auch wie immer. Das Gespräch lief schleppend. Ich war traurig.

Er ging noch mit in die Wohnung, weil er etwas von seinen Sachen vergessen hatte. Es war Viertel nach zehn. «Ich bin todmüde.» Dieter ließ sich in den schwarzen Sessel fallen.

«Dann solltest du nicht fahren. Es sind immerhin achtzig Kilometer, wie du weißt.»

«Ich fahre auf jeden Fall. Komm doch mit. Dann schlaf ich während der Fahrt nicht ein.»

Irgendwie freute ich mich über diese Aufforderung. «Ich kann nicht. Ich fahre morgen früh zu Gudrun nach London. Das weißt du ja. Aber bleib doch. Es ist lächerlich, wegen unserer vereinbarten Trennung nicht hier zu schlafen. Wir leben seit fast zwanzig Jahren zusammen, also was soll's. Übernachte hier.»

«Komm du lieber mit. Ich bringe dich morgen früh zum Flughafen.»

Inzwischen war es halb elf. Ich hatte meine Reisetasche noch nicht gepackt, das wollte ich am Morgen machen und dann in aller Ruhe. Warum jetzt dieses Gehetze? Warum ließ ich mich immer wieder von ihm tyrannisieren, zumal wir jetzt getrennt lebten. Ich würde nach Mitternacht ins Bett kommen und unausgeschlafen und müde in London aus dem Flugzeug steigen. Das war wirklich nicht einzusehen.

«Nein ich bleibe hier. Und du solltest das auch tun.»

Verärgert nahm er seine Sachen und fuhr. Am nächsten Morgen um sechs ging das Telefon. Dieter war am Apparat. «Ich hatte einen Unfall. Ich bin von der Fahrbahn abgekommen, der Wagen ist hin. Ich bin jetzt in Kappelsberg.»

«Wie bist du denn da hingekommen?»

«Ich bin zu Fuß gegangen.» Er klang elend und müde.

«Mein Gott, Puschel», ich gebrauchte unwillkürlich seinen alten Kosenamen. «Ich setze mich ins Auto und komme zu dir. London ist nicht so wichtig.»

«Nein, nein», wehrte er sofort heftig ab. «Ich habe Schlaftabletten genommen und möchte erst mal gründlich ausschlafen. Ich brauche nur etwas Ruhe. Ich rufe dich später in London an.» Damit legte er auf.

Das war der zweite schwere Unfall innerhalb von zehn Tagen. Was hatte er für Glück gehabt!

Dieter und Autofahren ist für mich ein Problem. In all den Jahren unserer Ehe habe ich Angst gehabt, wenn ich neben ihm im Auto saß. Er fährt wie ein Irrer. Viel zu schnell, 200 ist seine Lieblingsgeschwindigkeit, rücksichtslos, immer an der Stoßstange des anderen, und grundsätzlich auf der linken Fahrbahn der Autobahn, der «Arbeitgeberseite», wie er das scherzhaft nennt. Wenn ich ihn bat, seine Geschwindigkeit zu drosseln, ging er unwillig auf 180 runter und hatte für den Rest der Fahrt schlechte Laune. Also sagte ich oft gar nichts mehr. In letzter Zeit allerdings, wenn ich irgend etwas punkto Geschwindigkeit erwähnte, fauchte er mich an: «Laß mich gefälligst so fahren, wie ich es für richtig halte. Ich bin hier der Fahrer.» Ich haßte dieses Macho-Verhalten, aber ich ertrug es und lebte weiter in Angst.

Ich hatte die leise Hoffnung, daß ihm die Unfälle zu denken gaben, denn sie hätten genausogut tödlich ausgehen können. Aber er würde wohl nie aus seinen Fehlern lernen. Auch in unserer Beziehung erkannte ich seine Lernunfähigkeit wieder. Es deprimierte mich zutiefst. Wenn das so war, dann konnten wir uns auch in einer Krise nicht verständlich machen. Ich wollte an seinen Verkrustungen kratzen, ihn zum Reden bringen, aber es würde mir nicht gelingen.

Gudrun holte mich in Heathrow ab. Wir fuhren zum Hyde Park Gate, wo sie in einem dieser schönen alten Häuser wohnt. Es hat eine komfortable Heizung, man muß nicht wie in vielen englischen Häusern frieren. Ihr Mann spielte eben Squash. Und ihre Tochter Ann, Dieters Patenkind, lebte in einem Internat. So waren wir ganz ungestört und gleich beim Thema. Gudrun sagte mir, daß Dieter mit ihr schon über Barbara gesprochen habe, als ich noch gar nichts ahnte. Sie bedauerte diese ganze Geschichte sehr, meinte aber, daß Dieter da durch müsse, und daß es wohl noch eine Zeit dauern würde, bis sich alles wieder eingerenkt hätte. Und daß wir schließlich wieder zusammenleben würden, war sie überzeugt. Das tat mir gut zu hören.

«Weißt du, ich finde es richtig, daß ihr euch für eine Weile getrennt habt, so bekommt Dieter Abstand von allem, und du kannst mehr dein eigenes Leben führen. Als Dieter mir unentwegt von Barbara erzählte und immer wieder seinen Wunsch nach Ruhe zum Nachdenken äußerte, habe ich zu ihm gesagt: ‹Dann trenn dich doch für eine Weile von Katharina. Sie ist eine starke Persönlichkeit und wird das verkraften!›»

Ich war Gudrun dankbar für ihre Offenheit und liebte sie für ihr Verständnis. Ich fühlte mich mit ihr sehr verbunden. In all den Jahren, die wir uns kannten, waren wir freundlich, aber vorsichtig miteinander umgegangen. Auf meiner Seite blieb immer eine gewisse Reserve, weil ich glaubte, bei Gudruns übertriebener Liebe zu ihrem Bruder wäre eine ernsthafte Beziehung zu mir unmöglich. Ich hatte ihr unrecht getan. Niemand konnte verständnisvoller sein, als Gudrun es jetzt war.

Meine Schwägerin wurde für mich in der nächsten Zeit eine wichtige Gesprächspartnerin, denn niemand hatte so viel Einblick in das Verhältnis zwischen Dieter und Barbara. Alles, was sie mir gegenüber äußerte, entsprang ja dem Wissen um die beiden. Wenn sie also sagte, sie sei ganz sicher, daß Dieter und ich eines Tages wieder zusammenleben würden, dann mußte sich das aus dem begründen, was er ihr berichtet hatte. Darüber sprachen wir allerdings wenig, obwohl ich drauf und dran war, Gudrun direkt über Barbara auszufragen. Gott sei Dank tat ich es aber nicht.

Mittags, als Gudrun und ich einen Salat herrichteten, schrillte das Telefon. Ich nahm ab, weil ich direkt daneben stand und außerdem sicher war, daß es nur Dieter sein konnte.

Er sprach wieder klar, und jetzt erfuhr ich endlich

ein paar Details über seinen Unfall. Die Autobahn war leer gewesen und er befand sich schon auf der B 28, die nach Blaubeuren führt, als er eingeschlafen sein mußte. Er wachte auf, weil er kalte und nasse Füße hatte... Das Auto lag nämlich umgestürzt in einem Graben jenseits der Straße. Er hing noch im Gurt, konnte sich befreien und aussteigen. Dann machte er sich zu Fuß auf den Weg. Bis Kappelsberg waren es ungefähr zwölf Kilometer. Wann er die Polizei benachrichtigt hatte, wußte er nicht mehr. Jedenfalls hatte er mich dann um sechs angerufen. Ihm war nichts passiert, außer daß er starke Kopfschmerzen hatte.

«Mein Gott, vielleicht hast du ja eine Gehirnerschütterung. Warst du beim Arzt?» Ich bedauerte es, jetzt nicht bei ihm sein zu können, um ihm zu helfen. «Wo bist du überhaupt?» fragte ich, als mir die Frage nach einem Arzt durch den Kopf ging.

«In Stuttgart, in der Wohnung.»

«In der Wohnung, nicht mehr in Kappelsberg?» fragte ich irritiert. «Wie bist du denn dahin gekommen ohne Auto?» Schweigen in der Leitung. Ich glaubte schon, wir seien getrennt.

«Es hat mich jemand abgeholt.» In seiner Stimme war Abwehr.

«Es hat dich jemand abgeholt? Wer denn?» Ich wußte die Antwort schon, während ich fragte.

«Barbara.»

Am liebsten hätte ich geschrien. Das war wirklich zuviel. Ich wurde zornig wie schon lange nicht mehr.

«Und warum in aller Welt hast du ausgerechnet deine verdammte Barbara angerufen? Warum nicht Michael oder Ulrich? Kannst du mir das mal erklären?» schrie ich.

«Ich stand unter Schock, mir fiel nur Barbara ein.»

Ich knallte den Hörer auf und heulte los. Dieser feige Schuft. Mir hatte er heute morgen etwas vorgefaselt von Schlaftabletten, die er genommen habe, um einige Stunden zu schlafen und erst mal zu sich zu finden. Damit ich nicht auf die Idee käme, meine Reise nach London abzusagen und zu ihm rauszufahren, wie ich es ihm angeboten hatte. Er hatte mich über die Tragweite des Unfalls absichtlich im unklaren gelassen. Wahrscheinlich hatte er zu dem Zeitpunkt schon die Idee, Barbara zu bitten, ihn in die Stadt zu holen. Und natürlich hatte er überhaupt keine Schlaftabletten genommen, das hatte er noch nie getan. Das war mir gleich komisch vorgekommen, denn wir haben nie welche im Haus.

Gudrun legte tröstend den Arm um mich. Ich zitterte am ganzen Körper. Als ich mich ein bißchen beruhigt hatte, erzählte ich ihr die Geschichte von dem Unfall. Auch Gudrun war betroffen.

«Diese Unehrlichkeit!» schloß ich erschöpft. «Dieses Gelüge! Das finde ich am schlimmsten. Mit Barbara sei es aus, hat er immer wieder versichert. Und daß er sich von mir getrennt habe, hätte nichts mit Barbara zu tun. Er brauche Ruhe, müsse zu sich selbst finden, das würde auch unserer Beziehung helfen. Und dann so was! Diese ewigen Lügen!»

Das Telefon ging wieder. Es war noch einmal Dieter. Offensichtlich wollte er mich beruhigen. Aber ich mochte nicht mit ihm sprechen.

Es wurde ein grauenvolles Wochenende – mit unendlichen Telefonanrufen von Dieter, die mich völlig fertigmachten. Er hatte wohl ein schlechtes Gewissen. Während all des Kummers in diesen Tagen gab es aber auch etwas Tröstliches: Gudrun und ich wären uns vermutlich nie so nahe gekommen, wenn Dieter und ich nicht in einer Krise gesteckt hätten. Ich hatte eine verläßliche Freundin gewonnen, und darüber freute ich mich.

Als ich aus London zurückkam, sah ich Dieter noch am selben Abend. Er berichtete mir ausführlich über die Situation in der Agentur. Es stand jetzt fest, daß Wieland, sein Vorgesetzter, die größere Schwesterfirma in Frankfurt übernehmen würde. Dieter würde so lange, wie die Nachfolge nicht geregelt war, die Agentur leiten, wie er es auch immer tat, wenn Wieland Urlaub hatte oder aus geschäftlichen Gründen abwesend war. Wieso nicht er, Dieter, Nachfolger würde, fragte ich. Ach, ich wisse doch, wie man gegen ihn intrigierte. Vom Fachlichen her habe er oft genug bewiesen, daß er in der Lage sei, die Agentur zu leiten, aber es gäbe eben Leute im Büro, die einfach nicht wollten, daß er aufrückte. «Sie sagen, ich sei ein Chaot, nie pünktlich und hätte kein Hierarchiebewußtsein. Dabei sind alle Werbeleute Chaoten und trotzdem produktiv. Ich bin eben unbequem, und das gefällt den Herren nicht.»

Ich konnte mir durchaus vorstellen, daß er im Büro schwierig war – das ist er ja auch im privaten Bereich, warum sollte er also im Beruf anders sein. Schwierig war er schon, als ich ihn kennenlernte; aber so verletzend, wie er jetzt zu mir war, hatte ich ihn vorher nie erlebt. Ich konnte mir denken, daß er nicht zum ersten Mal in seinem Leben so war, sondern auch andere Menschen mit dieser Kälte behandelt hatte, wie ich sie im Augenblick zu spüren bekam. Aber andere liebten ihn nicht so wie ich und würden es ihm heimzahlen wollen. Er dürfte sich im Berufsleben eine Menge Feinde gemacht haben. Das war mir schon klar. Aber darüber konnte ich nie mit ihm reden, in unserer augenblicklichen Situation schon gar nicht, und früher auch nicht, weil er Kritik, auch wenn sie liebevoll gemeint war, nicht ertragen konnte.

Ich sah, wie er unter der neuen beruflichen Konstellation litt. Er hatte immer unter enormem Einsatz die Geschäfte geführt, wenn Wieland nicht da war, und er glaubte jetzt einen Anspruch auf dessen Position zu haben. Noch war nichts entschieden, und er kämpfte wie ein Löwe darum. Es war ihm deswegen so wichtig, weil er seine Selbstbestätigung offensichtlich nur aus der Arbeit bezog. Dabei ging es ihm gar nicht um die Position als solche oder um Macht, denn er war eigentlich gar kein Karrieretyp, sondern um die Anerkennung seiner Arbeit. Dieser Kampf um Anerkennung dauerte schon so lange, wie ich ihn kenne. Obwohl er das ist, was man einen erfolgreichen Mann nennt, war er nie mit dem, was er erreicht hatte, zufrieden. Er geriet immer wieder in Konfliktsituationen, und das hatte sich bis heute nicht geändert.

«Dieser neue Unfall schadet meinem Image natürlich sehr», fuhr Dieter fort. «Ein Unfall, nun gut, das kann jedem passieren, aber ein zweiter und dann noch der Dienstwagen Schrott, das ist alles andere als hilfreich. Wenn du mitgefahren wärst, wäre das nicht passiert. Diesen Unfall habe ich eigentlich dir zu verdanken. Ich habe dich so gebeten, mitzukommen, weil ich müde war, aber dir war das ja alles zu mühsam.»

Zuerst dachte ich, er meint das nicht ernst. Aber sein Gesichtsausdruck war so böse, daß es mich erschreckte. Er konnte doch nicht seine Verantwortungslosigkeit, in übermüdetem Zustand Auto zu fahren, auf mich abwälzen!

«Willst du wirklich mir die Schuld an diesem Unfall geben?»

«Das will ich nicht, das ist so! Denk mal darüber nach!»

Ich war sprachlos. Eigentlich hatte ich mit ihm nochmal etwas ausführlicher darüber sprechen wollen, wieso er nach dem Unfall gleich Barbara angerufen hatte. Aber ich wußte, daß es jetzt sinnlos sein würde, davon anzufangen. Jetzt mußte ich mich erst einmal gegen seinen Vorwurf wehren. Das war ein

Fehler. Er brüllte mich an, und ich heulte los. Wutentbrannt nahm er schließlich seinen Aktenkoffer und stürzte zur Tür. Als sie zuknallte, dachte ich, vielleicht hatte er diese Szene nur inszeniert, um meinen Fragen nach dem Unfall und Barbara auszuweichen. Ob wir uns jemals aus unseren Verhaltensmustern befreien würden und daran gehen könnten, unsere Probleme aufzuarbeiten? Ich fing an, es zu bezweifeln.

Nach solchen Auftritten schlief ich natürlich schlecht. Ich fragte mich ohnehin, wie ich mit diesen persönlichen Belastungen leben und auch noch Schule geben könnte. Aber irgendwie ging es wohl, und ich konnte sogar dann und wann Gefühle der Lebensfreude entwickeln. Daß ich dazu überhaupt noch fähig war, ließ mich hoffen, irgendwann mit meinen oder unseren Problemen fertig zu werden.

Dieter arbeitete in der nächsten Zeit wie ein Stier, so sein eigener Ausdruck. Jeden Abend bis in die Nacht. Aber während ich früher Mitleid mit ihm hatte und wirklich mitlitt, war das jetzt anders. Er hatte mich zu sehr verletzt und zu oft belogen oder mir Dinge verheimlicht, so daß mir seine ständigen Klagen über seine Arbeit das erste Mal seit fast zwanzig Jahren nicht mehr unter die Haut gingen.

Die Frühjahrsferien rückten heran und damit meine lange geplante Reise nach Kalifornien. Ich hatte den Plan nie aufgegeben und merkte auch, wie gut es mir tat, mich voller Vorfreude mit den Vorbereitungen zu beschäftigen. Ich fing an, Sachen herauszulegen, die ich mitnehmen wollte. Ich las viel, damit ich gut eingestimmt war.

Am letzten Tag vor meiner Reise brachte mir Dieter abends eine lange Liste mit Adressen von Leuten, die er entweder persönlich oder beruflich kannte, oder die Freunde von Freunden waren. «Übrigens, morgen findet bei uns eine Vollversammlung statt. Es sind Kandidaten aufgestellt worden für die Nachfolge von Wieland. Ich bin auch dabei. Und natürlich Hans Schramm, der kräftig an meinem Stuhl sägt, davon bin ich nach wie vor überzeugt. Wenn ich bloß nicht in so einer miserablen Verfassung wäre. Ich glaube jetzt doch, daß ich bei dem Unfall eine Gehirnerschütterung abbekommen habe. Es fällt mir schwer, mich zu konzentrieren – gerade jetzt, wo alles so wichtig für mich ist und große Entscheidungen fallen werden.»

Wir standen in der Küche. Ich machte ihm etwas zu essen. Meistens machte er sich selbst ein Brot, wenn es spät geworden war, und ich stand daneben. Diesmal wollte er etwas Warmes, und ich hatte noch einen Rest von mittags übrig. «Und ausgerechnet jetzt fährst du weg!» schloß er.

Ich war zunächst überrascht, dann freute ich mich, weil er doch Interesse an mir zeigte.

«Möchtest du, daß ich hierbleibe?» fragte ich. Und ich meinte es ernst. Ich würde meine Reise sofort über Bord werfen, wenn ich ihm damit hätte helfen können, und wenn unsere Beziehung dadurch neue Impulse bekommen hätte. «Ja, möchtest du das wirklich?» hakte ich nochmal nach. «Du weißt, wenn ich dir helfen kann, bleibe ich sofort hier. Du mußt es nur sagen.»

«Nein, nein, laß nur. Jetzt ist alles schon geplant, und ich will auch allein da durch.»

«Na gut.»

Meine Hoffnung fiel in sich zusammen. Viel später, Monate danach, hat er mir vorgeworfen, immer wenn etwas Wichtiges in seinem Leben sei, würde ich ihn im Stich lassen.

Ich hatte erwartet, nach dem langen Flug todmüde zu sein. Das war jedoch nicht der Fall. Ich war so euphorisch, daß Müdigkeit gar keinen Platz hatte. Das änderte sich auch dadurch nicht, daß ich zu den beiden einzigen Fluggästen zählte, die vom Zoll aufgehalten wurden und das ganze Gepäck öffnen mußten. Ich hatte an jenem Tag eine wundervolle Gelassenheit, die mir sonst in solchen Situationen fehlte. Ein dicker, sehr unsympathischer Schwarzer wühlte in meinen Sachen herum. Er war unfreundlich und verzog keine Miene. O.K., sagte ich mir, das arme Schwein hat schlechte Laune und läßt sie an dir aus. Kein Grund, auch schlechte Laune zu bekommen. Und als er mir mit einer ärgerlichen Handbewegung zu verstehen gab, ich könne nun gehen, lächelte ich ihn an. Das verblüffte ihn total, und nach einigem Zögern lächelte er zurück. Das war mein erster Erfolg.

Das Hotel «Louise» lag am Nob Hill, eine sehr schöne Gegend, wie ich bald merkte. Gleich morgen früh würde ich mir eine kleine Wohnung suchen. Ich wollte von den Hotelzeiten unabhängig sein und außerdem selbst für mich kochen. Alle Leute, denen ich davon erzählt hatte, rieten mir ab, das sei die reinste Zeitverschwendung. Es gäbe zwar genügend möblierte Wohnungen in allen Städten der USA, weil die Amerikaner mobiler seien als wir, aber diese Wohnungen könne man für einen so kurzen Zeitraum nicht mieten, und außerdem sei das viel zu teuer. Nun gut, das mochte ja sein, aber ich wollte mich selbst davon überzeugen.

Am nächsten Morgen ging ich los. Anders als bei uns werden freie Zimmer oder Wohnungen in den Fenstern der Häuser angeboten. Das sieht nicht sehr schön aus, ist aber praktisch. Ich wunderte mich, wie viele möblierte Wohnungen angeboten wurden, aber sie waren tatsächlich entweder zu teuer oder wurden nicht für eine Woche vermietet. Ich ließ mich nicht entmutigen. Nach drei Stunden, in denen ich zu Fuß durch die Straßen lief, hatte ich genau das, was ich mir vorgestellt hatte. Eine schöne kleine Wohnung: TV, vollausgestattete Küche, hübsches Wohnzimmer, komfortable Einrichtung, in der Powell Street, also ganz zentral gelegen.

Ich fand es so aufregend, San Francisco zu Fuß zu durchstreifen, daß ich kaum dazu kam, Dieters Adressenliste hervorzukramen. Ich war glücklich mit mir allein. Der Frieden in mir und die freundlichen Menschen um mich herum – einfach wohltuend.

Am ersten Tag kam mir ein Mann entgegen und sagte im Vorbeigehen: «You look beautiful.» Und ging weiter. Zuerst war ich auf Abwehr eingestellt, weil ich dachte, der Kerl will dich doch tatsächlich anmachen. Bis ich begriff, daß er überhaupt nichts von mir wollte. Er wollte mir wirklich nur sagen, daß ich hübsch sei. Wann hatte mir schon mal ein Fremder so im Vorbeigehen ein Kompliment gemacht? Und das passierte mir mit 56!

Während meiner ganzen Zeit in Kalifornien war ich in Hochstimmung. Oft lächelte ich wildfremde Menschen an, was ich früher selten tat, und ich bekam fast immer ein Lächeln zurück. Seit jener Zeit traue ich mich, meine Gefühle zu artikulieren und es jemandem zu zeigen, wenn ich ihn mag. Und ich merkte, wie sich jeder darüber freut. San Francisco war auch deswegen für mich eine ganz wichtige Erfahrung. Ich habe nur drei Menschen dort angerufen, weil ich mich so glücklich fühlte, allein zu sein. Und alle reagierten gleich. Sie freuten sich, fragten, ob ich ein Auto hätte, nein? Gut, dann holten sie mich ab. Ich bekam auf diese Weise die Umgebung der Stadt zu sehen und eine Menge Insider-Tips geliefert. Die Gastfreundschaft und Selbstverständlichkeit der Amerikaner überwältigten mich. Hier im Westen fand ich die Menschen eigentlich noch freundlicher als in New York.

Nach einer Woche San Francisco hatte ich so viel Energie und Selbstbewußtsein aufgetankt, daß ich keine Bedenken hatte, mir ein Auto zu mieten und allein die Küste runterzufahren. Ich hatte die ganze Zeit schönstes Wetter gehabt, mit fast sommerlichen Temperaturen, nur nachts war es kalt. Das sei eine Ausnahme, dieser strahlende März, wurde mir gesagt. San Francisco sei oft neblig und kühl, sogar im Sommer. Um so besser für mich.

Ich hatte mir die Karte angesehen und mir vorgenommen, zunächst bis Carmel zu fahren. Ich hatte schon so viel von diesem Ort an der Küste gehört. Als ich dann in meinem kleinen feuerroten Ford saß, waren ganz schnell all meine Ängste in bezug auf Autofahren in einem fremden Land verflogen. Jeder nimmt hier Rücksicht auf den anderen, niemand klebt einem an der Stoßstange, und niemand scheint es besonders eilig zu haben, denn die meisten halten sich an die Geschwindigkeitsgrenze, und die ist viel niedriger als bei uns. Das erste Mal, daß mir lange Autofahrten Spaß machten. Lange Strecken bin ich sonst nur mit Dieter gefahren, und die fuhr er natürlich selbst und in seinem berühmten Affentempo. Wie schön konnte Autofahren sein. Ich genoß es, das Tempo selbst zu bestimmen und anhalten zu können, wann ich es wollte. Und das tat ich oft während meiner Fahrt nach Carmel.

Die Strecke war gesäumt von sanften grünen Hügeln mit altem Baumbestand, und immer wieder kam ein Ausblick auf den wilden Pazifik. Ein- oder höchstens zweistöckige Häuser, meistens mit Fachwerk und Sprossenfenstern lagen versteckt hinter großen Bäumen oder Hecken. Alles atmete eine gepflegte, kultivierte Atmosphäre. Ich war wieder mal überrascht, wie viele schöne alte oder auch neue Häuser es hier gab. Eigentlich hatte ich mehr Kitsch erwartet. Das gab es natürlich auch. Überdimensionale Reklameschilder und häßliche, bonbonfarbene Gebäude, die aber mehr an den großen Autostraßen standen.

Ein Bild wird mir immer in Erinnerung bleiben: Auf einer tiefgrünen Wiese mit großen Eichen, die sehr bizarr gewachsen waren, grasten weiße wollige Schafe, die mich sehr an unsere in Kappelsberg erinnerten. Das allein war schon ein friedliches Bild. Aber unter den Eichen standen ganze Inseln von weißen blühenden Callas, und das fand ich einfach überwältigend. Ich genoß die Schönheit dieser idyllischen Landschaft, parkte mein Auto und wollte fotografieren. Der Film war zu Ende. Zu blöd. Nun gut, dann sollte es eben nicht sein. Ein Grund, eines Tages wieder hierherzukommen. Vielleicht mit Dieter oder mit jemand anderem, den ich liebe...

Abends kam ich in Carmel an. Dort wollte ich bleiben und mir ein Zimmer mieten. Es machte Spaß, durch die Straßen des kleinen, sehr europäisch anmutenden Ortes zu fahren und nach Übernachtungsmöglichkeiten zu suchen. Und dann fiel mir eine Hotelpension auf, die so verwunschen und verknuschelt aussah, daß ich reinging, obgleich ich von vornherein wußte, daß ich mir die Bungalows, die dort vermietet wurden, nicht würde leisten können. Als ich durch das Tor in einer verwucherten Hecke ging, sah ich einen blühenden, aber total verwilderten Garten. Ich stand in einem Meer von Freesien. Unter großen Bäumen lagen mehrere kleine Fachwerkhäuschen versteckt. Das Ganze hatte einen ungeheuren Charme. Ich kam mir vor wie in Merlins Zaubergarten, alles war voll Blüten und Düften. Als ich mich umdrehte, kam mir eine alte Frau entgegen. Sie lächelte mich an, und ich sagte ihr, daß ich für zwei Nächte ein Zimmer suchte, ihr Häuschen mir aber wohl nicht leisten könne.

«Kommen Sie!» meinte sie. «Ich zeige Ihnen mal eins; dann wissen Sie wenigstens, wie es aussieht.» Das fand ich sehr nett, denn ich wußte, daß sie an mir kein Geld verdienen würde.

«Aber das macht doch nichts», lachte meine Begleiterin, als ich mit bedauernden Worten dankte. «Dann zeige ich Ihnen auf jeden Fall meinen Zitronenbaum. Kommen Sie!»

Sie führte mich in das äußere Ende des riesigen Gartens, und da stand ihr geliebter Zitronenbaum. Es war ein besonders groß und schön gewachsenes Exemplar. Exotischer Duft entströmte ihm. Mit flinken Bewegungen pflückte die alte Dame ein paar Zitronen und drückte sie mir mit der Bemerkung in die Hand, die seien garantiert ungespritzt. Sie begleitete mich zum Ausgang. Ich wollte ihr zum Abschied noch etwas Nettes sagen und zeigte auf die wundervollen Freesien. Schon bückte sie sich, und gleich darauf hatte ich einen ganzen Arm voll Blumen.

«Haben Sie Freude daran, und dann kommen Sie im nächsten Jahr wieder!»

Ich war beschämt und glücklich. Dieter war in weite Ferne gerückt, überhaupt dachte ich selten an zu Hause.

Auch in Los Angeles hatte ich beeindruckende Erlebnisse, nichts Aufregendes, aber kleine heilende Begebenheiten, genau das, was ich gesucht hatte. Natürlich sah ich auch vieles, was mich schockierte, aber das konnte meine Begeisterung für Amerika nicht beeinträchtigen. Man kann ja auch einen Menschen lieben und trotzdem seine Fehler sehen.

Die Reise durch Kalifornien war nicht nur optisch ein wichtiges Erlebnis für mich. Sie hat mich innerlich ein Stück weitergebracht, befreit, unabhängig gemacht.

Dieter hatte mich ein paarmal angerufen und mir gesagt, daß er mich vom Flughafen abholen würde. Ich wußte nicht mal, ob ich das wollte. Wie würde ich auf ihn reagieren, und was hatte sich durch die Reise zwischen uns geändert? Hatte sich überhaupt was geändert? Ich glaubte, daß ich mehr Abstand zu ihm gewonnen hätte. Als er dann wirklich vor mir stand, spürte ich nichts als sein Desinteresse. Kaum ein Lächeln. Keine Frage, wie es war. Nur: «Ich bin furchtbar in Eile, denn Wieland verabschiedet sich heute, und ich habe eine kleine Rede vorbereitet. Außerdem habe ich wahnsinnig zu tun, denn Wieland ist kaum noch im Laden. Er ist die meiste Zeit schon drüben in Frankfurt und leitet die große

Agentur. Ich mach das hier jetzt ganz allein.» Die Nachfolge von Wieland war immer noch offen, das hatte mir Dieter schon am Telefon gesagt, und auch, daß er von der Betriebsversammlung als Kandidat abgelehnt worden war. Das traf ihn hart. Aber er machte verbissen weiter, immer in der Hoffnung, daß ihm die Leitung doch noch übertragen würde.

Der Abstand zu den Dingen, den ich in Amerika gewonnen hatte, war ganz schnell wieder weg. Ich war oft verzweifelt und deprimiert. Sollten diese Qualen denn nie aufhören? Ich gab mir wirklich alle Mühe, damit fertig zu werden. Wenn ich ganz ehrlich war, hatte ich auch in Kalifornien ein paarmal gedacht, wieviel schöner es gewesen wäre, wenn ich alles mit Dieter hätte gemeinsam erleben können. Aber dort gelang es mir besser, solche Gedanken wegzuschieben, weil so viel Neues auf mich einwirkte. Hier dagegen wurde ich immer wieder mit Dieter konfrontiert, sei es durch seine Gegenwart oder durch die Dinge um mich herum, die mich an ihn erinnerten.

Hin und wieder verbrachte ich ein Wochenende in Kappelsberg. Ich konnte nicht einsehen, warum er unser Haus vollkommen mit Beschlag belegte und ich nur in der Stadt sein sollte. Im Frühling war es draußen besonders schön, und ich hatte die ersten Sonnentage immer sehr genossen. Aber jedes Wochenende wurde schlimmer für mich. Und daß ich im Gästezimmer schlief, machte die Sache auch nicht besser.

An einem Wochenende, es war inzwischen Mai geworden, pusselte ich in der Küche herum und hatte eigentlich ein ganz gutes Gefühl, als ich plötzlich Dieter laut fluchen hörte. Er war auf dem Flur, und ich wußte, daß er den Apfelwein umfüllen wollte. Wahrscheinlich war irgend etwas schiefgegangen.

«Was ist passiert?» rief ich.

«Ach, gar nichts», kam es mürrisch zurück.

«Warum fluchst du dann so?»

«Das kann ich dir sagen: Ich brauche bloß an dich zu denken, dann könnte ich schon schreien!»

Tränen schossen mir in die Augen, obwohl ich wußte, daß das die falscheste Reaktion war. Kein Mann kann eine ewig heulende Frau ertragen. Ich fühlte mich beleidigt und gedemütigt und wäre am liebsten nach Hause gefahren. Aber wir waren natürlich nur mit einem Auto da, das heißt, ich konnte erst am nächsten Morgen mit Dieter wieder zurück.

«Was muß diese Barbara für ein Mensch sein!» fing ich jetzt auch an. «Was hat sie aus dir gemacht?»

«Ach, du hast doch keine Ahnung! Barbara ist eine wunderbare Frau. Und laß sie gefälligst aus dem Spiel. Du weißt genau, daß es aus ist. Unsere Schwierigkeiten haben mit Barbara überhaupt nichts zu tun. Zwischen dir und mir stimmt es schon lange nicht mehr. Durch Barbara ist es mir nur bewußt geworden. Begreif doch endlich mal! Ich wollte feststellen, ob ich wirklich impotent bin! Mein vitalstes Interesse ist meine Potenz!» Mit wutverzerrtem Gesicht lief er hinaus.

Ich war völlig verstört. In mir sah es schwarz und leer aus. Und im Gegensatz dazu war es draußen besonders schön. Die Sonne knallte von einem strahlend blauen Himmel herunter. Im Obstgarten blühten die Pflaumen, und die Apfelbäume bekamen einen rosa Schimmer. Es war einer der ersten richtig warmen Tage.

Ich beschloß, Dieter einen Brief zu schreiben. Es mußte doch möglich sein, wenn man sich so lange kennt und so gute Zeiten gehabt hatte, an den anderen irgendwie heranzukommen, wenn Gespräche nicht möglich sind. Man kann einen Menschen doch nicht so ohne Erklärungen hängenlassen!

Als ich auf die Terrasse kam, lag Dieter nackt ausgestreckt auf dem Liegestuhl und schlief. Wie wenig mußte ihn das Ganze tangieren, wenn er jetzt einfach schlafen konnte! Ich würde vermutlich wieder eine ganze Nacht wach liegen! Er dagegen wirkte ganz friedlich und entspannt. Er ist schön gewachsen, dachte ich traurig. Weil die Haut eingeölt war, sah man seine Muskeln deutlicher. Früher hatte er sich nie nackt in die Sonne gelegt, um nahtlos braun zu werden, ging es mir durch den Kopf. Er hatte erst im letzten Jahr damit begonnen. Ich hätte damals schon hellhörig werden sollen, aber solche kleinen Warnsignale hatte ich übersehen.

Ich ging zur weißen Bank, einem meiner Lieblingsplätze auf unserem Grundstück. Von hier konnte man die gesamte Länge der Koppel überblicken. Links wurde das Grundstück durch eine Rosenhecke begrenzt, die gerade zu blühen begann und einen sanften lieblichen Duft zu mir herüberschickte; rechts lagen Haus und Obstwiese und der Kräutergarten. Die Schafe hatten mich natürlich bemerkt, kamen jetzt langsam grasend auf mich zu und legten sich zum Wiederkäuen in meine Nähe. Ich hatte Bleistift und Papier mitgenommen, versuchte, meine Gedanken zu ordnen und schrieb dann. Es wurde einer der vielen Briefe an Dieter, die er nie erhalten hat. Aber sie haben trotzdem einen Zweck erfüllt. Es beruhigte mich, zu schreiben, und ich bekam ein bißchen Abstand.

«Lieber Puschel», begann ich meinen Brief. Ich weiß nicht, warum ich seinen Kosenamen benutzte. Vielleicht, um mir selbst zu beweisen, daß noch nicht alle Brücken zwischen uns abgebrochen waren. Oder aber, weil ich immer noch glaubte, daß ich unsere Probleme «weglieben» könnte. «Ich möchte so, wie wir im Augenblick miteinander umgehen, nicht mehr mit Dir leben», fuhr ich meinen Brief fort. «Ich möchte nicht mehr von Dir angeschrien werden. Ich will nicht mehr der Sündenbock für alles sein. Auch wenn ich Dir glaube, daß Du im Augenblick in einer schlechten Verfassung bist, ist das kein Freibrief dafür, den andern so zu behandeln, wie Du es tust. Das, was von unserem gemeinsamen Leben übriggeblieben ist, sieht so aus: Ich sehe Dich abends zwei- oder dreimal in der Woche gegen zehn Uhr, kurz bevor Du nach Kappelsberg rausfährst, es sei denn, wir sind eingeladen. Aber auch am Wochenende ist ein Austausch von Gedanken, Gefühlen oder Erlebnissen nicht möglich, weil Du mich nicht an Dich heranläßt. Du läßt mich an Deinem Leben nicht teilnehmen.

Ich habe Dir schon oft gesagt, daß Vertrauen für mich die wichtigste Voraussetzung für eine echte Beziehung ist. Ein Freund, dem ich nicht mehr vertrauen kann, ist nicht mehr mein Freund. Mein Vertrauen zu Dir ist zutiefst gestört, und ich kann auch nicht sagen, daß Du Dir große Mühe gegeben hättest, es wiederherzustellen. Es ist jetzt fast acht Monate her, als Du mir sagtest, Du hättest mit Barbara Escher geschlafen und das habe Dein Verhältnis zu mir grundlegend geändert, ja, es habe unsere ganze Ehe in Frage gestellt. Was haben wir falsch gemacht? Was habe ich falsch gemacht? Was hätte ich tun können? In welchen Bereichen, glaubst Du, habe ich Dich nicht verstanden? Hast Du an meiner Liebe gezweifelt, weil Du mich so oft gefragt hast, ob ich Dich liebe? Habe ich Dich nicht deutlich spüren lassen, daß Du ein liebenswerter Mann bist? Der Satz ‹Mein vitalstes Interesse ist meine Potenz› hat mich, wie Du Dir vorstellen kannst, sehr betroffen gemacht. Wenn das Dein zentrales Problem ist, so geht mich das natürlich auch an. Ich habe doch in den neun Jahren vor unserer Ehe, als Du mit großer Ausdauer um mich geworben hast, große erotische und sexuelle Ausstrahlung auf Dich gehabt. Kann es daran gelegen haben, daß ich für Dich unerreichbar schien in dieser Zeit? Denn Du hast mich erst zu betrügen begonnen, seit wir verheiratet sind. Wir haben nie über diesen Punkt gesprochen. Wir hätten es wohl tun sollen. Glaubst Du, daß es an mir liegt, oder passen wir ganz einfach im Bett nicht zusammen, obgleich am Anfang alles sehr spannend war? Oder nutzt sich jede erotische Spannung auf die Dauer so ab, daß man keine Lust mehr aufeinander hat? Was ist es nur? Was war es nur bei uns?»

Ich fand den Brief gut und wollte ihn am Montag morgen, kurz bevor wir wieder in die Stadt fuhren, auf sein Bett legen, so daß er ihn abends fände. Ich habe es dann doch nicht getan. Vielleicht hatte ich Angst davor, daß er überhaupt nicht reagieren würde. So liegt er bis heute in einer Mappe.

Am nächsten Wochenende fuhr ich nicht mit nach Kappelsberg – das letzte war mir noch in zu schrecklicher Erinnerung gewesen. Im geheimen hatte ich gehofft, daß Dieter sagen würde: «Komm, Katharina, komm doch mit.» Aber er war froh, daß er allein fahren konnte. Mich wurmte das, denn ich sah nicht ein, daß ich in der schönsten Zeit des Jahres in der Stadt bleiben mußte, weil Dieter mich nicht «eingeladen» hatte. Ich hätte ihn gern daran erinnert, daß dieses Haus uns gemeinsam gehörte...

Dieters fünfzigster Geburtstag rückte näher. Seine Mutter hatte sich zu Besuch angesagt. Sie wußte von Spannungen zwischen uns, hatte aber wohl von der Tragweite der Probleme keine Ahnung. Gudrun würde aus London und Dieters ältester Freund aus Kindertagen, Hans, würde mit seiner Frau kommen. Mir graute vor diesem Tag und dem Theater, das ich spielen mußte, und war in denkbar schlechter Verfassung. Nur auf Gudrun freute ich mich. Nur mit ihr würde ich offen reden können. Und vielleicht konnten Dieter und ich, wenn nicht direkt, so doch wenigstens über Gudrun kommunizieren.

Dieter hatte an einem Mittwoch Geburtstag. Seine Mutter kam Dienstag abend aus der Schweiz. Dieter holte sie von der Bahn ab und brachte sie in das Hotel, in dem sie immer wohnte, wenn sie uns besuchte. Unsere Wohnung war, obwohl wunderschön und am Hang gelegen, zu klein und zu unbequem für einen Gast, der einige Ansprüche stellt. Ich war gegen halb elf ins Bett gegangen. Ich war müde und hatte einen anstrengenden Tag vor mir. Vormittags Schule, schnell nach Hause, und dann müßte ich mich sofort in die Küche stürzen, um das Geburtstagsmenü vorzubereiten. Vor dem Einschlafen wollte ich aber noch meine Schwiegermutter anrufen, sie begrüßen und ihr das Geburtstagsprogramm erläutern. Dieter müßte inzwischen mit ihr im Hotel eingetroffen sein. Ich wußte nicht mehr genau, wann der Zug ankommen sollte.

Sie war gleich am Apparat und freute sich ganz offensichtlich, meine Stimme zu hören. Wir sprachen über ihre Reise und den morgigen Tag. Dann sagte sie, Dieter habe sie nur schnell abgesetzt, er hätte dringend wieder ins Büro gemußt.

So spät abends? Ich rief im Büro an. Es war natürlich niemand mehr da. Inzwischen war es fast halb zwölf. Obwohl vorher todmüde, war ich auf der Stelle hellwach. Ich war sicher, daß Dieter bei Barbara war. Aber wo wohnte sie eigentlich? Ich wußte, daß die Post keine Auskunft über Straßen gibt, nur über Telefonnummern. In so einer Situation entwickelt man detektivische Fähigkeiten, und ich legte die Geschichte, die ich dem Mädchen bei der Post erzählte, so an, daß sie Mitleid mit mir haben sollte. Meine Freundin sei umgezogen und habe mir ihre neue Adresse und ihre Telefonnummer mitgeteilt. Nun stünde ich auf dem Bahnhof und hätte beides verloren. Ob sie mir helfen könne. Sie war außerordentlich hilfsbereit. Ich bekam fast ein schlechtes Gewissen. Aber dann dachte ich, wenn sie die wahre Geschichte kennen würde, hätte sie es erst recht getan! Als sie mir die Straße nannte, wurde mir beinahe übel. Es war eine Querstraße, ganz nahe bei uns. Man konnte sie von unserem Schlafzimmerfenster aus sehen. Das konnte ja wohl kaum ein Zufall sein!

Ich konnte meinen Zorn kaum kontrollieren. Was für ein Spiel spielte Barbara eigentlich? Wie im Traum zog ich mir einen Mantel über mein Nachthemd und schlüpfte in ein Paar Schuhe. Es war Mitternacht geworden. Dieters Geburtstag.

Ich setzte mich ins Auto, denn die Straße, in der Barbara wohnte, war sehr lang. Aber ich brauchte nicht weit zu fahren. Gleich am Anfang sah ich Dieters Wagen. Er war innen beleuchtet. Ich stellte mein Auto ab und ging auf ihn zu. Ich hatte immer noch keine Ahnung, was ich eigentlich sagen würde. Als ich vor dem Wagen stand, sah ich Dieter hinter dem Steuerrad sitzen und neben ihm eine Frau, um die er seinen Arm gelegt hatte. Ich konnte sie nicht genau erkennen. Es war ziemlich dunkel, trotz der Beleuchtung. Aber es mußte ja wohl Barbara sein.

Das Schiebedach stand offen. Es war eine warme Mainacht. Ich beugte mich über das offene Dach und sagte in das Auto hinein zu Dieter: «Ich suche dich.» Gleichzeitig dachte ich: Idiotisch, so was zu sagen! Und dann bemerkte ich, daß Barbara weinte. Das erbitterte mich am meisten. Ich weinte mir seit Monaten die Augen aus dem Kopf, und Dieter hatte nicht den kleinsten Trost für mich; im Gegenteil, es ging ihm wahnsinnig auf die Nerven. Aber wenn Barbara weinte, vermutlich wegen ihres Mannes, dann war Dieter zur Stelle, legte zärtlich den Arm um sie und war ganz der liebevolle Tröster und Beschützer.

Barbara riß die Wagentür auf und stürzte ins Haus. Dieter rannte hinter ihr her und rief etwas. Ich konnte nichts verstehen. Ich sah nur, wie sie den Kopf schüttelte und Dieter zurückkam.

«Was fällt dir eigentlich ein», schrie er mich wütend an, «mir eine solche Szene zu machen! Wie stehe ich jetzt da?»

Ich sagte: «Du hast Geburtstag. Es ist nach Mitternacht. Herzlichen Glückwunsch!»

«Danke.»

Heute im Rückblick kommt mir diese Szene eher komisch vor. Aber damals war mir keineswegs komisch zumute. Selbst die Peinlichkeit war mir nicht bewußt.

Ich machte natürlich in dieser Nacht kein Auge zu. Am nächsten Morgen wußte ich nicht, wie ich aufstehen sollte. Mir war schwindelig und übel, ich fühlte mich hundeelend. Dazu fiel mir noch siedendheiß ein, daß heute kein Schulunterricht war, sondern daß ich mit meinem Kollegen vereinbart hatte, ins Museum zu gehen. Er wollte mich mit der Klasse dort treffen. Ich konnte also nicht einmal in der Schule anrufen und mich entschuldigen. Es half nichts, ich mußte zum Museum. Als ich mich im Autospiegel ansah, stellte ich fest, daß ich im Gesicht fast grün war. Es konnte mir also niemand verübeln, wenn ich mich gleich wieder verabschieden würde.

Meine Klasse war vor dem Museum nicht zu übersehen. Ich versuchte zu lächeln, als alle in großes Hallo ausbrachen. Ihre Freude tat mir gut.

«Fühlen Sie sich nicht wohl?» fragte mein Kollege Norbert Kunze teilnahmsvoll. Wir hatten ein außergewöhnlich gutes Verhältnis zueinander. Er war Anfang Dreißig, könnte also mein Sohn sein. Aber es gab keinerlei Generationsprobleme zwischen uns. Wir gingen mit Kindern auf ähnliche Weise um, berieten uns oft und diskutierten auch private Angelegenheiten sehr offen miteinander. Über meine Probleme mit Dieter hatte ich allerdings nie mit ihm gesprochen. Das ging die Kollegen in der Schule eigentlich nichts an, fand ich.

«Frau Kaltenbach, geht es dir nicht gut?» fragten einige Kinder. Wenn Kinder in der zweiten und dritten Klasse aufgeregt sind, fallen sie immer wieder in das «Du», was sie in der ersten Klasse sowieso am häufigsten verwenden. Es rührte mich, und ich lächelte mühsam. «Nein, es geht mir heute gar nicht gut. Kann ich mich auf euch verlassen, daß ihr euch anständig benehmt, wenn ich jetzt nach Hause gehe? Ihr würdet mir eine große Freude machen.»

«Ja, ja, kannst du. Was hast du denn?»

«Ich weiß es nicht. Ich hoffe, daß es mir morgen bessergeht. Bis dann also!» Ich setzte mich ins Auto und brach in Tränen aus. Mein Dauerkummer machte mich butterweich für alle Gefühlsregungen. Die

Teilnahme der Kinder hatte mich beglückt, und die Tränen ließ ich jetzt einfach zu.

Zu Hause legte ich mich ins Bett. Sollte ich die ganze Geburtstagsfeier absagen? Meiner Schwiegermutter, die aus der Schweiz angereist war – und das war in ihrem Alter eine beschwerliche Reise – sagen, es gehe mir so schlecht? Gudrun, die nachher kommen würde, der konnte ich wenigstens die Wahrheit sagen.

«Weißt du», sagte sie, nachdem ich ihr die nächtliche Szene geschildert hatte, «ihr solltet wirklich mehr Abstand voneinander bekommen. Nur dann könnt ihr auch wieder aufeinander zugehen.»

«Ja, aber es müßte mal irgend etwas von Dieter kommen. Eine Geste, ein gemeinsames Essen, eine kleine Reise. Irgendein Vorschlag. Damit ich weiß, daß er überhaupt noch an unserer Beziehung interessiert ist.»

«Ja, ich verstehe dich gut», sagte Gudrun und legte den Arm um meine Schulter. «Eine Freundin von mir hat einen erwachsenen Sohn, der jetzt für einige Zeit nach Paris geht. Seine Wohnung liegt nicht weit von eurer. Vielleicht kann Dieter sie eine Zeitlang übernehmen. Und danach habt ihr hoffentlich eine neue Basis für euch gefunden. Es ist ja kein Zustand, daß Dieter jeden Abend nach Kappelsberg rausfährt, noch dazu, wenn es im Büro spät geworden ist. Er braucht eine kleine Wohnung.»

Die Geburtstagsfeier war entsetzlich für mich. Nach

außen lief alles wunderbar. Mit preußischer Disziplin hatte ich mich aufgerafft, Tisch gedeckt, Blumen arrangiert, Lammkeule in den Ofen geschoben, Haare gewaschen, sehr gründlich Make-up gemalt, Schwiegermutter liebevoll umsorgt – und gelächelt. Den ganzen Abend gelächelt. Doch ich litt. Immer sah ich ein Bild vor mir: Dieter, wie er liebevoll den Arm um die weinende Barbara legt. Eine Geste, die er mir verweigerte und wonach ich mich doch so sehr sehnte.

Wenige Tage später bezog Dieter die Wohnung von Max, zunächst einmal für ein halbes Jahr. Ich habe sie nur einmal gesehen, als es ihm schlechtging und er ein Medikament brauchte. Nach der Geburtstagsnacht hatte ich ihm gesagt, daß ich es besser fände, wenn wir eine Zeitlang gar nichts voneinander hören würden, keine Besuche, keine Telefonanrufe.

«Das ist doch Unsinn», hatte er protestiert. «Ist doch gar nicht durchführbar. Wir kennen uns so lange, du gehörst zu meinem Leben, das kann man nicht einfach abschalten.»

Ach ja, plötzlich. So blieben seine täglichen Anrufe und hin und wieder ein Besuch in der Woche.

In diese Zeit fiel ein anonymer Anruf. «Wissen Sie eigentlich, was Ihr Mann so im Büro treibt? Er flirtet mit jeder halbwegs hübschen Frau, versucht jede von seinem Charme zu überzeugen. Überhaupt, er führt sich auf wie ein Pfau, der pausenlos Rad schlägt. Und das alles, um Barbara Escher zu imponieren.

Er macht sich eine Menge Feinde.» Ich war wie versteinert. Dabei traf mich am meisten, daß offensichtlich jeder im Büro über unsere Situation Bescheid wußte. Bis jetzt war ich in dem Glauben gewesen, daß Dieter und ich unsere Probleme allein miteinander austragen würden – gut, es wußten ein paar Freunde davon, aber es blieb unser Problem. Ich hatte auch gehofft, wenn er schon eine Affäre im Büro anfing, daß er sich so diskret wie möglich verhalten würde.

Ich schämte mich, von dem anonymen Anrufer so behandelt zu werden, beziehungsweise mich so behandeln zu lassen. Natürlich hätte ich sofort den Hörer auflegen sollen, das würde jeder vernünftige Mensch sagen. Aber das ist so leicht gesagt, und ich glaube, es ist gelogen, wenn jemand in meiner Situation behauptet, er würde es getan haben. Man tut es nicht. Man hört sich jeden dieser gemeinen Sätze an. Wort für Wort. Wie gebannt.

Ausgerechnet an diesem Tage rief auch noch Laura an, eine meiner engsten Freundinnen. Sie war gerade für ein paar Wochen in Deutschland. Den größten Teil des Jahres lebte sie auf Gran Canaria. «Sag mal», sagte sie gleich zu Anfang, «muß eigentlich euer Ehedrama so breitgetreten werden? Ich höre von allen Seiten, daß Dieter ausgezogen ist und in einer eigenen Wohnung lebt.»

Laura und ich saßen dann nachmittags zusammen bei einem Tee, und ich schüttete ihr mein Herz aus. Es war wie in alten Zeiten. Als ich noch studierte, war ich oft bei ihr und erzählte ihr von allen Herzensangelegenheiten, und es waren viele.

Laura war, wie immer, sehr nüchtern. «Mein Gott, Katharina, laß ihn doch. Wenn er ein Mädchen hat, weil er sein Selbstvertrauen aufbauen und sich pausenlos bestätigen lassen muß, dann laß ihn doch seine Wege gehen. Laß ihn los!»

«Aber ich liebe ihn immer noch, so idiotisch das klingt. Wenn es so einfach wäre, jemanden loszulassen!»

Wir schwiegen beide. Nach einer Pause fuhr sie fort: «Sieh es doch mal von einer anderen Seite. Du lebst jetzt allein. Wenigstens eine Zeitlang. Das ist gut. Auf jeden Fall besser, als von einem Mann, der dich betrogen und verletzt hat, angeschrien und schlecht behandelt zu werden. Wenn du allein lebst, bist du dein eigener Herr. Du kannst ins Bett gehen, wann du willst. Du kannst essen, wann du willst. Du brauchst nicht mehr stundenlang zu warten, weil er sowieso immer zu spät kommt. Du kannst schlafen, mit wem du willst und wann dir danach ist. Glaub mir, allein leben kann sehr schön sein.»

Laura wußte, wovon sie sprach. Seit ihrer Scheidung vor mehr als zwanzig Jahren lebte sie allein, oder besser ohne Mann. Viele Jahre waren ihre drei Kinder bei ihr, die nun erwachsen sind und ihr eigenes Leben führen.

Alles, was ich von ihr hörte, hatte ich mir oft genug selbst gesagt. Es gab auch Tage, an denen ich gern allein war. Aber die waren sehr selten. Noch war ich in dem Zustand, wo ich mich fürchtete, allein zu sein. Ich verbrachte dann die Tage in ungeheurer Betriebsamkeit. Nach meinem Yoga-Kurs, der mir nach wie vor sehr wichtig war, ging ich in ein Tarot-Seminar. Ich suchte mehrere Astrologen auf und ließ mir diverse Horoskope erstellen. Ich ging auch zu zwei Wahrsagerinnen, die ihre Künste in der Zeitung angepriesen hatten. Während die Horoskope verblüffend zutrafen, waren die Voraussagen der beiden Wahrsagerinnen hanebüchener Unsinn. Ich gab viel Geld für solchen Quatsch aus. Heute denke ich, daß es zu der Zeit des «Strampelns» gehörte, um nicht unterzugehen.

Dieter kam nach wie vor zwei- bis dreimal abends in der Woche auf einen Sprung vorbei. Meistens berichtete er aus dem Büro. Er leitete jetzt, solange noch kein Nachfolger da war, die Agentur und hatte alle Hände voll zu tun. Es wurde jeden Abend spät. Und obwohl es ihm auf der einen Seite Spaß machte, hatte er auf der anderen Seite viel Ärger, weil ihm von den Kollegen viele Knüppel zwischen die Beine geworfen wurden.

Eines Abends sagte er: «Ach, übrigens dachte ich, daß wir in den Sommerferien ein paar Tage an die Atlantikküste nach Frankreich fahren könnten.»

Ich freute mich. Das war endlich die langerwartete Geste – obwohl es nun nicht gerade mein Traum war, in der Hitze mit dem Auto auf den vollen Straßen zu fahren. Ich schwebte wie auf Wolken. So etwas würde er doch nicht sagen, wenn ihm nichts mehr an unserer Beziehung lag.

«Ein Fotograf, mit dem wir zusammenarbeiten, hat mir sein Haus angeboten. Es liegt in der Nähe der Küste, etwa zwanzig Kilometer landeinwärts.»

Das hörte sich gut an. «Wie lange hast du denn Zeit?» fragte ich.

«Ungefähr acht bis zehn Tage.»

Ich wäre zwar lieber gemütlich an die Mosel gefahren, das ist nicht so weit und nicht so heiß, oder meinetwegen in die Provence, wenn es unbedingt Frankreich sein mußte. Konnten wir wohl darüber sprechen?

Ich brachte vorsichtig meine Bedenken und Wünsche vor. Die Reaktion war zu erwarten. «Also, jetzt will ich mal ein paar Tage mit dir irgendwohin reisen, da ist es dir auch wieder nicht recht.» Dabei wußte er genau, daß ich Hitze und weite Autofahrten selten vertrug. Aber seine Rücksichtslosigkeit wurde ihm nicht bewußt. Ich gab nach. Ich wollte unbedingt mitfahren; es war die einzige Chance, mal länger als zwei Stunden mit ihm allein zu sein. Heute kann ich nicht mehr verstehen, daß ich mich darauf einließ.

«Okay», sagte ich, «dann plan du die Reise, wie du möchtest und kümmere dich um das Haus.» Sonst hatte ich immer alle Reisen bis ins kleinste organisiert. Jetzt wollte ich mich da raushalten. «Sag mir aber bitte bald den genauen Zeitpunkt.

Ich möchte noch ein paar Besuche machen. Meine Mutter und Stefanie.»

Die Besuche waren ein Erfolgserlebnis. Überall wurde ich mit Verständnis und Liebe eingehüllt, und das war wichtig für mich. Als ich meiner Mutter von Dieter und mir erzählte, reagierte sie völlig unerwartet. «Ach weißt du, mein Herzchen, so sind die Männer. Nimm es nicht so tragisch.» Und plötzlich sprach sie über ihre Ehe mit meinem Vater. So glücklich waren sie gar nicht gewesen, wie es nach außen immer schien. Meine Mutter redete ganz offen und unbefangen über sexuelle Probleme, die sie mit meinem Vater gehabt hatte. Sie, die solche Dinge niemals erörtert hatte, ganz sicher auch nicht mit ihren Freundinnen, weil man das zu ihrer Zeit nicht tat, sie redete und redete. Ich war perplex, daß meine Mutter jetzt meine Partnerin für solch intime Gespräche war. Aber das gehört zu den vielen positiven Erfahrungen, die ich vermutlich nie gemacht hätte, wäre ich weiterhin ausschließlich auf Dieter fixiert geblieben.

Auch mit meiner Freundin Stefanie sprach ich oft und viel über Dieter. Ich wußte, daß er sie sehr schätzte und sie zu seiner Vertrauten gemacht hatte. Er redete wohl noch mehr mit ihr als mit Gudrun. Oft rief er sie abends an und redete stundenlang mit ihr. Neulich war es sogar zwei Uhr nachts geworden, hatte sie mir lachend erzählt.

Ich verbrachte ein langes Wochenende bei Stefanie

in Bremen. Ihr Mann war bei einem Kongreß, und wir hatten alle Zeit der Welt. «Weißt du, Katharina», sagte Stefanie einmal, «ich glaube, Dieter hat sich da ein Bild von Barbara zurechtgezimmert, das sicher nicht stimmt. Ich habe ihm gesagt, er solle die Finger von dieser Frau lassen, sie nutze ihn für ihre Zwecke aus. Er ist für sie im Augenblick sicher ganz amüsant, ganz nützlich, um ihren Mann eifersüchtig zu machen und ihr angeschlagenes Selbstvertrauen aufzubauen. Schließlich ist es recht prickelnd für eine Buchhalterin, mit ihrem Chef ins Bett zu gehen. Und dann noch festzustellen, welche Macht sie über ihn hat.»

Ich hätte Stefanie gern weiter über Barbara ausgefragt. Ich wollte natürlich alles wissen. Aber ich unterließ es, ich wollte meine Freundschaft mit ihr nicht zu sehr strapazieren, zumal ich sowieso über fast nichts anderes als über Dieter sprach und eigentlich nur alte Wunden aufriß. Als ich abfuhr und sie mich ans Auto begleitete, fielen wir uns in die Arme. Sie war mir durch meinen Schmerz noch vertrauter geworden, als wir sowieso schon waren. Ich weinte, und ich sah, wie auch ihre Augen feucht schimmerten.

Die Rückkehr war nicht ganz so gemütlich wie die Hinfahrt. Dieter hatte mich bei Stefanie angerufen und mir gesagt, daß er Mitte der Woche, etwa Mittwoch, loskönne. Also mußte ich mich ein bißchen beeilen. Es war jetzt Montag, und ich hatte zu Hause noch ein paar Dinge zu erledigen, Wäsche waschen und so. Eigentlich hatte ich langsam in drei Tagen nach Hause fahren und unterwegs noch Kirchen und Museen anschauen wollen. Daraus wurde also nichts. Jetzt mußte ich durchfahren.

Es war viel Verkehr auf der Autobahn, und ich kam ziemlich genervt am Montag abend in Stuttgart an. Als erstes rief ich Dieter an, um ihm zu sagen, daß ich zurück sei und wir Mittwoch fahren könnten. «Wie ist das mit dem Haus? Weißt du, wo du den Schlüssel bekommst?»

«Ich habe Yves noch nicht erreicht.»

Nur ruhig, sagte ich mir. Du hast dir geschworen, die Reise mit Dieter so zu nehmen, wie sie kommt, nicht ärgern!

«Aber wir wollen doch Mittwoch fahren, und ich bin extra früher aus Bremen weggefahren, um pünktlich hier zu sein!»

«Es wird wohl doch erst Donnerstag. Und dann muß ich noch rausfahren nach Kappelsberg. Der elektrische Zaun ist kaputt, der muß noch repariert werden. Du kannst mir ja dabei helfen.»

Das mit dem Zaun wußte er seit vier Wochen. Ich konnte nicht begreifen, warum er ihn noch nicht in Ordnung gebracht hatte. Die Zeit ging von unserer Reise ab, denn nächste Woche waren meine Ferien zu Ende. Ich sagte nichts und schluckte mal wieder meinen Ärger runter. Schließlich fuhren wir Freitag abend raus nach Kappelsberg. Ich hatte nicht mehr die geringste Lust auf die Reise, aber nicht den Mut, es zu sagen.

Ich war lange nicht in Kappelsberg gewesen. Die Veränderungen dort wirkten wie ein Schock auf mich. Alles, was an mich erinnerte, war weg. Meine Zahnbürste stand nicht mehr im Glas, ich fand sie im Schränkchen. Mein Morgenmantel war auch verbannt. Am meisten kränkte mich, daß auch das einzige Foto von mir, das mit den Schafen, verschwunden war. Dieter hatte es ganz am Anfang unserer Kappelsberger Zeit gemacht. Jetzt steckte ein Foto seines Vaters im Rahmen. Dieter hätte sich ja wirklich einen neuen Rahmen leisten können, wenn es ihm um seinen Vater gegangen wäre... Auf dem Kamin standen viele Ansichtskarten aus aller Welt. Fast alle waren mit Frauennamen unterschrieben. Ich kannte keinen. Und alle waren hierher adressiert.

Am nächsten Morgen stand ich sehr früh auf, nicht nur, weil es so ein schöner Sommertag war, sondern auch, weil wir den Zaun reparieren mußten. Dieter schlief bis elf und war mürrisch und schlecht gelaunt, als er aufstand. Er war spät ins Bett gegangen, hatte zuvor eine Flasche Korn fast ganz ausgetrunken und war auch deshalb nicht gerade sehr munter. Einsilbig ging er ins Gewächshaus; das müsse zuerst gemacht werden, ließ er mich wissen. Es ginge ihm miserabel, er habe Kopfschmerzen und wieder dies Schwindelgefühl, das er seit seinem letzten Unfall kenne. Den ganzen Tag kein freundliches Wort, kein Lächeln, das unsere Situation hätte entspannen können. Das ging so bis zum frühen Nachmittag. Da hörte ich plötzlich eine Autotür zuschlagen, und ein vollkommen veränderter, strahlender Dieter schoß an mir vorbei. «Ich hole mal etwas Erfrischendes zu trinken. Ingeborg ist gekommen.» Diese seltsame Veränderung habe ich später noch oft erlebt. Immer hing sie mit anderen Frauen zusammen. Nie mit mir...

Schließlich reparierten wir den Zaun am Sonntag und fuhren montags los. Da ich am nächsten Montag wieder unterrichten mußte, hatten wir nicht mal mehr eine Woche Zeit. Das Haus am Atlantik, in dem wir wohnen wollten, stand uns nicht zur Verfügung. Dieter hatte den Fotografen nicht erreicht. Nun gut, dachte ich, für die kurze Zeit ist es sowieso egal.

Ich habe die Reise in schrecklicher Erinnerung. Wir haben in sechs Tagen 4000 Kilometer zurückgelegt. Wenn ich daran zurückdenke, sehe ich mich eigentlich nur im Auto sitzen. Natürlich hatte ich auch ein paar schöne Eindrücke. Als wir, schon in der Provence, auf unserem Rückweg an einem Sonnenblumenfeld vorbeikamen, hielt Dieter an, und wir stiegen aus. Ich hatte noch nie ein so riesiges Sonnenblumenfeld gesehen. Es war überwältigend! Und nicht nur das leuchtende Gelb der großen Blüten beeindruckte mich, sondern die Tatsache, daß sie alle ihre Köpfe der Sonne zugewandt hatten. Dieter und ich konnten uns gar nicht sattsehen an diesen Blüten. Und ich dachte einen Moment: Es ist wie früher; schön, diese gemeinsame Erlebnisfähigkeit!

Und der blühende Lavendel! Seit ich Dieter gesagt hatte, daß ich noch nie in der Provence blühende Lavendelfelder gesehen hätte, suchte er, bis er sie für mich gefunden hatte. Sie waren wunderschön in ihrer Anordnung, bestanden aus langgestreckten, flachen Hügeln, auf denen der Lavendel büschelweise angebaut wurde. Die riesigen violetten Felder verbanden sich in der hügeligen Landschaft der Provence zu schönen grafischen Mustern. Am schönsten fand ich es abends, wenn die Sonne schon lange Schatten warf und alles in ein rötliches Licht tauchte. Ich stand staunend davor und wollte es fotografieren.

«Glaubst du, daß es mir gelingt, ein bißchen von der Schönheit einzufangen?» fragte ich Dieter.

«Das wird schwer sein. Entweder man ist enttäuscht, weil sich das Licht nicht wiedergeben läßt, oder es ist kitschig. Dennis hat jetzt Werbefotos für unseren Laden gemacht. Ich hab mir gerade Hunderte von Fotos mit Lavendelfeldern angesehen. Das haut dich um. Und nur ein einziges wird genommen.» Er hielt inne, legte seine Hand an die Stirn, um von der untergehenden Sonne nicht geblendet zu werden. «Versuch's doch mal, komm hierher. Von hier bekommst du einen guten Lichteinfall.»

Er faßte mich am Ellenbogen und zog mich weiter. Ich nahm den Fotoapparat und sah durch den Sucher. Ein unglaublich schönes Motiv lag vor mir, und ich machte eine Menge Aufnahmen. Von allen war ich später enttäuscht...

Noch eine andere Szene ist in Erinnerung geblieben. Wir waren jeden Tag ab nachmittags damit beschäftigt, uns ein Hotel zu suchen, denn es war alles voll, nicht nur von ausländischen Touristen, sondern auch von Franzosen. Es gibt wunderschöne Hotels an der Atlantikküste, wo wir allerdings nur zwei Tage waren, und auch auf dem Rückweg in Richtung Schweiz. Wir kamen an einen kleinen See, an dem malerisch auf einem Hügel eine alte herrschaftliche Villa stand, die zu einem Hotel umfunktioniert worden war. Ich wollte gern hier bleiben, und Dieter war auch damit einverstanden. Es war ein altes verwinkeltes Haus mit großen Sprossenfenstern. Wir hatten ein Doppelzimmer mit Blick auf den Garten mit mediterraner Vegetation und auf den dahinter liegenden See. Die Wände und auch die Decke waren, wie oft in französischen Landhäusern, mit einer Blumentapete tapeziert, die die ganze Pracht sommerlicher Blüten einfing. Am Anfang der Reise hatte ich zu Dieter gesagt, daß ich lieber in einem Einzelzimmer schlafen möchte.

«Wieso denn das?» reagierte er unwirsch. «Meinst du, das könnten wir uns leisten? Das ist fast doppelt so teuer, und außerdem ist es in Frankreich um diese Jahreszeit unmöglich, Einzelzimmer zu bekommen. Wir haben zwanzig Jahre in einem Zimmer geschlafen, dann wirst du es ja wohl noch über dich bringen, diese paar Tage mit mir gemeinsam zu übernachten.»

Irgendwie leuchteten mir seine Argumente ein, und ich sagte nichts mehr zu dem Thema. Dann stand ich in dem Blütenzimmer vor dem großen Bett und fing an, die wichtigsten Dinge auszupacken. Nach der anstrengenden Autofahrt hatte ich großes Bedürfnis, zu duschen. Ich nahm meine Seife und verschwand im Badezimmer.

«Ja, eine gute Idee, nach diesem heißen Tag unter die Dusche zu gehen!» hörte ich Dieter rufen. «Läßt du mich mit drunter?»

Und schon stand er neben mir in der Wanne. Ein seltsames Gefühl beschlich mich. Wie sehr hatte ich mir bisher eine solche Situation gewünscht. Dieter schien völlig unbefangen zu sein und sagte: «Komm, ich seife dir den Rücken ein.» Seine glitschigen Hände auf meiner Haut lösten starke Lustgefühle in mir aus. Ich drehte mich zu ihm um. Da stand er vor mir, ein gutgewachsener Mann, ein straffer Körper. Die schwarzen Haare auf Brust und Bauch lagen durch die Nässe wie gekämmt auf seiner Haut. Nur über dem Brustbein waren ein paar Haare grau, stellte ich fest. Das war neu. Sein Kopfhaar war jetzt fast weiß, und der Schnurrbart hatte eine ganze Skala von Farben: braun, blond, grau, weiß. Ich sah ihm in die Augen, aber er wich mir aus; von Erregung keine Spur.

«Machst du's jetzt bei mir?» Das kam ganz sachlich, und schon drehte er mir den Rücken zu. Ich verstehe diesen Menschen nicht, dachte ich, während ich seine glatte Haut unter meinen Fingern spürte. Ich könnte jetzt sofort mit ihm ins Bett steigen und stundenlang Liebe machen. Aber ich unterließ jeglichen Versuch, ihn zu verführen. Ich fürchtete mich vor einer Abfuhr; das hätte ich im Moment nicht verkraftet.

Abends saßen wir beim Essen auf der Terrasse eines Restaurants. Wir hatten bislang noch kein einziges Mal über unsere Situation geredet. Manchmal kam mir der Verdacht, daß Dieter absichtlich so durch die Lande raste, um jedem Gespräch aus dem Wege zu gehen.

Der Salat, den ich als Vorspeise bestellt hatte, war ein kleines Kunstwerk. Er war so schön angerichtet, daß es mir richtig leid tat, ihn zu essen. Auch Dieters Vorspeise sah herrlich aus. Er hatte eine Mousse aus frischem Lachs bestellt.

«Oh, das schmeckt göttlich, du mußt mal probieren! Das müßte man doch auch selbst hinkriegen. Glaubst du, daß sie Salbei oder Basilikum dranhaben?» Er reichte mir seine Gabel mit einem Happen Lachs rüber.

«Salbei.»

«Ja, glaube ich auch», meinte er.

Irgendwie mußte ich mal auf ein Gespräch zusteuern. Ich hatte so viele Fragen an ihn. Wie stellte er sich vor, wie es weitergehen sollte? Und welche Rolle spielte Barbara wirklich in seinem Leben? Warum entzog er sich jeder Auseinandersetzung, fuhr aber mit mir ein paar Tage nach Frankreich? Für mich paßte das nicht zusammen. Zu viele Widersprüche.

Er trank viel Wein. Ich mußte mich also beeilen, wenn ich mit ihm diskutieren wollte. Wenn er viel getrunken hatte, wurde er noch unsachlicher, als er sonst schon war. Was heißt schon sachlich, ich blieb es natürlich auch nicht. Aber ich gab mir wenigstens immer Mühe, auf den anderen einzugehen und ihn anzuhören. Ich schnitt also das heikle Thema an.

«Sag mal, hast du inzwischen eine Vorstellung, wie es mit uns weitergehen soll? Es ist bald ein Jahr her, daß du mir die Geschichte mit Barbara eröffnet hast.»

Ich merkte, wie sich sein Gesicht verfinsterte. Ich kannte diesen Ausdruck zur Genüge. Er schwieg. Ich auch, zunächst.

«Du hast doch gesagt, daß du dich von mir trennen wolltest, um Abstand von allem zu bekommen und um zu dir selbst zu finden», fuhr ich dann fort. «Ich meine, du solltest mir sagen, welche Perspektiven du nun nach der Trennung für uns siehst. Für mich ist das eine lange Zeit.»

«Und wie siehst du es?» fragte er dagegen.

«Wieso ich?» Ich war irritiert. «Meinen Standpunkt kennst du doch. Wenn man mit seinem Partner zusammenbleiben will, müssen beide versuchen, einen Weg aus der Krise zu finden. Jeder muß sagen, was er vom anderen erwartet und wie weit diese Erwartungen erfüllt werden können. Ob die Diskrepanz zwischen dem, was erwartet wird, und dem, was erbracht wird, zu ertragen ist, oder ob sie so groß ist, daß ein Zusammenleben nicht mehr erfreulich wäre, das muß gemeinsam entschieden werden. Aber das habe ich dir ja schon einige Male gesagt. Nur eines geht nicht: daß die Initiative, die Bemühungen immer nur von einer Seite kommen. Das läuft nicht.»

Sein Gesicht war verschlossen. Keinerlei Freundlichkeit war mehr darin zu finden. Kein Verständnis, keine Anteilnahme. Nichts.

«Du weißt genau, daß ich im Augenblick nur meinen Frieden haben will.»

«Kannst du mir nicht wenigstens ein Zeichen geben, an dem ich erkennen kann, daß du überhaupt noch an unserer Beziehung interessiert bist?»

«Säße ich sonst hier?» war seine Antwort. «Ich brauche Ruhe. Und meinen Freiraum. Außerdem brauche ich Kraft für meinen Job. Ich hab es verflucht noch mal schwer genug.»

Er wurde immer lauter, und am Ende drehten sich mehrere Köpfe zu uns her. Mir war das peinlich. Unsere Privatangelegenheiten brauchten ja nun nicht gerade in der Öffentlichkeit ausgetragen zu werden.

»Kannst du nicht ein bißchen leiser sein?» fragte ich.

«Ich bin so laut, wie ich will!» schrie er.

Es hatte keinen Sinn, noch irgend etwas zu sagen. Ich kannte dieses Stadium ja zur Genüge. Aber ich war traurig. Das war die letzte Chance auf dieser Reise gewesen, mit ihm zu reden. Wer weiß, wann sich die nächste Gelegenheit ergeben mochte. Wir verfielen in Schweigen.

Dieter bestellte noch eine Flasche Wein. Es war Mitternacht, ich war müde, verabschiedete mich und ging in unser Blumenzimmer. Wieso habe ich immer noch nicht begriffen, daß er mich aus seinem Leben verdrängen will, dachte ich, als ich unter die Decke kroch. Ich fühlte mich in den Nächten, in denen ich neben ihm schlief, einsamer, als wenn ich allein war. Es war eine laue Nacht, das Zimmer war stickig heiß, obgleich ich das Fenster weit geöffnet hatte. Wie fast jede Nacht verfolgten mich Bilder, die ich nicht verscheuchen konnte.

Ich sah mich mit Dieter auf der Terrasse in Kappelsberg sitzen. Es war ein schöner Tag gewesen, der letzte der Heuernte. Wir hatten die Scheune voll von duftendem Heu. Es machte Dieter Spaß, Dinge selber zu machen, wie Heu, Apfelwein, Ableger von Pflanzen. Nicht, daß das billiger gewesen wäre oder rationeller, aber es brachte ihm Freude. Für mich galt das weniger; trotzdem verstand ich ihn. Ich hatte besonders liebevoll gekocht und draußen den Tisch gedeckt. Solche warmen Nächte sind in der Schwäbischen Alb auf 500 Meter Höhe selten, und man genießt sie um so mehr. Ich fühlte mich glücklich. Wir hatten ein Gespräch über Gott und die Welt gehabt, es war, obwohl wir kontroverser Meinung gewesen waren, eine große Harmonie zwischen uns.

«Weißt du was», rief ich lachend, «du hast mir doch schon so oft erzählt, wie toll es ist, nachts draußen zu schlafen, unter freiem Himmel, und beim Einschlafen in die Sterne zu sehen. Ich möchte das mal ausprobieren.»

«Du?» Er lachte. «Das ist dir doch viel zu unbequem, wie ich dich kenne.»

«Wir könnten doch unser ganzes Bett auf die Terrasse holen. Eine solche Nacht gibt es bestimmt nicht mehr oft in diesem Jahr. Und die Wettervorhersage hat keinen Regen angesagt. Ich fänd's toll. Komm, mach mit!»

«Du hast kuriose Einfälle», sagte er und küßte mich.

Es war eine ziemliche Arbeit. Wir hatten ein französisches Bett, und die Matratze war schwer. Wir schleppten auch den Holzrahmen raus, denn Dieter meinte, bei dem Nachttau müsse das sein, sonst bekämen wir die Matratze nie wieder trocken. Es war unvergeßlich, in seinen Armen zu liegen, den Mond und die Sterne über sich zu haben. Ich fühlte mich dem Himmel sehr nah.

Am nächsten Morgen wachte ich sehr früh auf. Die Sonne kam gerade erst heraus. Dieter schlief noch. Ich betrachtete sein Gesicht. Friedlich und entspannt lag er da und schnarchelte vor sich hin. In seinem Bart glitzerte der Tau. Ich bemerkte jetzt erst, wie feucht meine Bettdecke war. Vor mir im Weidezaun hingen Tausende von Wassertropfen und zitterten und schimmerten in der Sonne. Neben dem Bett, als Begrenzung zur Terrasse, standen dicke Rhododendronbüsche mit ganz feinen Spinnweben, in denen sich das Wasser funkelnd gefangen hatte. Und diese herrliche Luft! Ich war ganz berauscht von dem Erlebnis des Erwachens unter freiem Himmel.

Dieter rekelte sich. Ich merkte, wie er von ganz weit herkam. Er schlug die Augen auf, ich lächelte ihn an und küßte ihn, er streckte seinen Arm nach mir aus, und sein Fuß berührte meinen. Er zog mich ganz zu sich. Es war schön, in seinem Arm zu liegen. Wenn ich seine Haut berührte, war ich schon erregt, nach so vielen Jahren noch.

«Machst du mir einen Tee?» murmelte er. «Und – liebst du mich auch heute?» Ich war glücklich und hätte am liebsten allen Menschen von meinem Glück abgegeben.

Dieses Bild stand mir vor Augen, als ich in dem schwülen Blumenzimmer lag und nicht einschlafen konnte. Dieter war am nächsten Morgen verkatert und übelgelaunt. Seine Schulter tat ihm weh, und überhaupt fühlte er sich miserabel.

Wir fuhren über Straßburg zurück und hatten uns entschlossen, in Colmar zu essen und zu übernachten. Ein schöner, gemütlicher Ort, den ich unter normalen Umständen mit Vergnügen und Ausdauer besichtigt hätte. Aber jetzt ließ er mich gleichgültig.

Schlafen war mir wichtiger. Morgen, Sonntag, würde ein anstrengender Tag werden. Ferienende, die Straßen würden voll sein, und wir konnten uns nicht viel Zeit lassen, denn ich mußte zurück. Montag begann die Schule. Ich haßte es, in letzter Minute vor Schulbeginn nach Hause zu kommen, weil ich mich nicht mehr in aller Ruhe auf den ersten Tag vorbereiten konnte. Und ich verübelte es Dieter, daß er es nicht fertiggebracht hatte, früher mit mir loszufahren.

Ich ging knapp eine Woche zur Schule, als Freitag nachmittag Dieter anrief. Er war sehr aufgeräumt: «Hör mal, du bekommst Montag Besuch», sagte er gutgelaunt, beinah gönnerhaft, als ob er mir eine Gnade zuteil werden ließe.

«Was soll das heißen?» Ich ärgerte mich über seine Art.

«Ich habe gerade mit Gudrun gesprochen. Ann möchte gern ein Volontariat in der Werbebranche machen, und was liegt da näher, als es in unserem Laden zu tun. Die Jungs vom Fotoarchiv sind bereit, sie für vier Wochen zu betreuen, und sie wird bei dir wohnen. Na, freust du dich gar nicht?» fragte er schwungvoll.

«Doch, doch.» Ich freute mich überhaupt nicht. Erstens war ich im Augenblick lieber allein, außerdem ärgerte es mich, mit welcher Selbstverständlichkeit er über mich verfügte, und schließlich hätte Gudrun mich auch selbst fragen können, wenn ihre Tochter bei mir wohnen sollte.

Die Zeit mit Ann war dann doch sehr schön. Junge Leute – Ann war achtzehn – sind so herrlich unkompliziert. Man braucht sich nicht um sie zu kümmern, sie machen sich selbst ein Brot, wenn sie Hunger haben, und wenn keine Wurst im Kühlschrank ist, essen sie eben Käse. Tagsüber war Ann sowieso nicht da, und abends war sie auch meistens unterwegs mit irgendwelchen Freunden, die sie von früheren Besuchen kannte. Ann hatte die erfrischende Oberflächlichkeit ihres Alters. Eigentlich hatte sie nichts anderes im Kopf als Puder und Lippenstifte, und ob sie dies oder jenes anziehen solle. Sie stand stundenlang vorm Spiegel, drehte sich nach allen Seiten und war kolossal verliebt in sich selbst. Alles andere – sie hatte Stapel philosophischer Abhandlungen mitgebracht, die sie für ihre Schule brauchte – war Nebensache. Sie war sehr temperamentvoll und drückte sich in einem putzigen Deutsch aus, das mich immer wieder zum Lachen brachte. Überhaupt lachten wir viel miteinander. Sie tat mir gut, ich mochte sie wirklich gern. Ich hatte ihr andeutungsweise von meiner Ehekrise erzählt, aber anscheinend war sie von Gudrun schon informiert worden.

Eines Abends merkte ich, daß sie irgend etwas loswerden wollte. «Weißt du», begann sie, «ich war heute in der Kantine und saß mit einem sehr netten Mädchen aus der Werbeagentur zusammen. Da kam Dieter rein, erkannte mich und winkte zu mir rüber. Das Mädchen neben mir sagte: ‹Kennst du etwa diesen Typen? Einer der schlimmsten Schürzenjäger der Agentur. Er muß jeder Frau beweisen, was für ein toller Hecht er ist. Woher kennst du ihn denn?› Und ich sagte: ‹Er ist mein Onkel.› Das war ihr peinlich, und sie schwieg. Aber sie hat recht. Ich sah ihn heute auf der Straße vor der Agentur. Da ging er mit einer Frau zu seinem Auto, tat sehr verliebt, obgleich noch andere dabei waren. Im Auto fuhr er ihr dann durch die Haare, bevor er startete.»

Jedes Wort über Dieter gab mir einen Stich. Ann hatte es mir gesagt, davon war ich überzeugt, um mir ihr Vertrauen zu zeigen. Es fiel mir sehr schwer, mir nicht anmerken zu lassen, wie sehr ich getroffen war. Ich wußte, daß Dieter heute seinen neuen Dienstwagen erwartete, das hatte er mir erzählt. Ich wußte auch, wieviel Freude ihm ein neues Auto bereitete. Diese Freude teilte er jetzt mit jemand anderem. Das kann aber nicht Barbara gewesen sein, ging es mir durch den Kopf. Ich konnte mir nicht vorstellen, daß er sich mit Barbara in der Öffentlichkeit zeigte. Außerdem hatte Ann gesagt, es sei eine große Frau gewesen, und Barbara hatte ich aus jener denkwürdigen Nacht eher klein und zart in Erinnerung. Warum konnte mir das alles nicht gleichgültiger sein! Ich dachte oft über Lauras Worte nach: «Laß ihn doch.» Ich brachte es einfach nicht fertig, und wenn ich es mir hundertmal sagte!

Zwischen Dieter und mir hatte sich durch unsere gemeinsame Reise, auf die ich so viel Hoffnung gesetzt hatte, eigentlich nichts geändert. Die Bilanz dieses einen Jahres machte mich traurig. Die räumliche Entfernung voneinander hatte den Bruch zwischen uns nur noch zementiert. Dieter schien sein Leben zu genießen und voll auszukosten. Seine Frau, von der er wußte, daß sie litt, hatte er beiseite geschoben. Er hatte sich vom täglichen Anblick einer ständig in Tränen ausbrechenden Ehefrau befreit. Doch ich wollte mich nicht unterkriegen lassen. Ich wußte, wie schön das Leben sein konnte. Ich liebte das Leben trotz allem, so paradox es auch klingen mag. Ich nahm jede Möglichkeit wahr, die sich mir bot. Dazu gehörte auch Claus Weber. Ich hatte ihn vor ein paar Monaten kennengelernt, als wir bei einem Freund von Michael eingeladen waren, der mal so eine Art Ziehsohn von uns war. Ich war mit Dieter hingegangen. Er ließ sich solche Einladungen nie entgehen. Wir erschienen immer als das traute Ehepaar, obwohl die meisten unserer Freunde wußten, daß wir in einer tiefen Krise steckten.

Wir unterhielten uns mit einem Ehepaar, das aus dem Rheinland kam. Er war Pressechef eines großen Stahlkonzerns. Ich mochte ihn vom ersten Moment an. Er hatte eine warme herzliche Ausstrahlung, war vergnügt und konnte herrliche kleine Geschichten erzählen. Seine Frau dagegen fand ich zickig. Sie war so eine Schicki-Micki-Tante, von oben bis unten durchgestylt, sehr modisch, alles nach dem letzten Schrei. Ich merkte, daß Dieter genau wie ich reagierte. Das gehörte auch zu unseren Gemeinsamkeiten, daß wir dieselben Menschen mochten. Er unterhielt sich mit Claus Weber fast den ganzen Abend, und am

Ende tauschten sie Adressen. Eine Woche später kam ein kleines Päckchen, an Dieter adressiert, Absender: Claus Weber. Als Dieter abends kam, gab ich es ihm. Offizielle Post ließ er sich noch an unsere gemeinsame Adresse schicken. Persönliche Post ging in seine Wohnung oder nach Kappelsberg.

«Na, das finde ich aber nett», sagte Dieter. «Der Weber hat mir eine Broschüre über das Werk geschickt. Vielleicht ist da ja auch mal ein Werbeauftrag drin.» Brief und Buch ließ er liegen. «Ich bin in Eile. Ich möchte noch rausfahren. Muß mich um die Schafe kümmern.»

Er fuhr in der letzten Zeit oft während der Woche nach Kappelsberg, und ziemlich früh. Ich beneidete ihn darum. Ich war in diesem Jahr nur wenige Male draußen gewesen, das letzte Mal vor unserer Reise an die Atlantikküste.

«Bitte grüßen Sie Ihre charmante Frau», war der letzte Satz von Claus Webers Brief gewesen. Aber der Brief interessierte mich eigentlich gar nicht so sehr, eher schon seine Telefonnummer. Ja, ich würde ihn einfach anrufen...

Aus meinem Anruf entwickelte sich eine Freundschaft, die mir sehr geholfen hat. Claus Weber telefonierte fast täglich und erzählte mir kleine Geschichten. Ich hatte ihm gleich zu Beginn von meiner Situation erzählt, und er reagierte sehr verständnisvoll. «Wissen Sie», sagte er einmal, «ich habe es mir zur Aufgabe gemacht, Sie wenigstens einmal während eines Telefongesprächs zum Lachen zu bringen.» Das hat mich sehr gerührt. Und es ist ihm gelungen. Immer hatte er irgendwelche kleine Begebenheiten zu berichten, die mich fröhlich machten. Er war ein wunderbarer und phantasievoller Erzähler. Oft schickte er mir kleine Päckchen, mal war es ein Buch, mal eine Kassette. Einmal bekam ich ein Eilpaket, ziemlich groß, und ich fragte mich, was er sich diesmal wieder hatte einfallen lassen. Es war ein Wiesenblumenstrauß, den er selbst gepflückt hatte. Die Enden der Stiele hatte er in feuchte Tempotaschentücher gewickelt. Ich war drauf und dran, mich in ihn zu verlieben. Ein andermal kam ein Brief von ihm mit einem dünnen goldenen Kettchen: «Es soll Kummer fernhalten und Sie nicht verlieren lassen, was Sie noch gar nicht besessen haben», hatte er dazu geschrieben.

Eines Tages sagte er mir am Telefon, er sei in unserer Gegend, und fragte mich, ob ich am nächsten Abend Zeit hätte, um mit ihm essen zu gehen. Ich freute mich auf ihn. Als er dann vor mir stand, noch kleiner und dicker, als ich ihn in Erinnerung hatte, wußte ich, daß man Verliebtheit nicht über den Kopf steuern kann. Solange ich ihn nur am Telefon hörte, animierte er mich sehr, und ich bildete mir ein, ein bißchen verliebt zu sein.

Das Ende dieser Freundschaft kam schnell. Als er merkte, daß ich nicht mit ihm ins Bett gehen wollte, schrieb er mir einen bösen Brief. Ich habe nie wieder etwas von ihm gehört.

Der September begann mit warmen, diesigen Tagen. Es ist für mich eine besondere Zeit. Man genießt diese Tage bewußter als andere warme Tage, weil man weiß, es sind die letzten des Jahres. Ich hatte große Lust, spazierenzugehen oder mich auf die Terrasse in Kappelsberg zu legen und in den Himmel zu gucken. Doch Dieter hatte mir zu verstehen gegeben, daß er nicht wünsche, daß ich während seiner Abwesenheit Haus und Grundstück beträte. Heute ist mir unverständlich, wie ich mir das habe gefallen lassen können. Wo war denn meine Stärke geblieben? Meine Kraft? Meine Lebensfreude? Ich war ein völlig veränderter Mensch. Ich wunderte mich nur, daß niemand meine Veränderung bemerkte. Ich sehnte mich nach Liebe, wie jeder Mensch, wenn er noch nicht total verkrustet ist. Seit einem Jahr lebte ich nun ohne Dieter. Seit dieser Zeit hatte ich ihm nicht mehr gesagt, daß ich ihn liebte. Und wenn ich ihm das mal sagen würde? Verlieren konnte ich nun wirklich nichts mehr. Dieser Gedanke ließ mich nicht mehr los.

Als ich eines Abends nicht einschlafen konnte, rief ich Dieter an. Es war Mitternacht, aber ich wußte ja, daß er immer spät ins Bett ging, ich ihn also nicht stören würde. Sein «Hallo» klang außerordentlich aufgeräumt. Ich sagte ihm, daß ich nicht schlafen könne. Früher hatte er oft gesagt: «Wenn du nicht schlafen kannst, wecke mich, ganz gleich, wie spät es ist, dann lege ich den Arm um dich, bis du eingeschlafen bist.» Nun, das hatte natürlich schon lange keine Gültigkeit mehr, aber das Bedürfnis, es ihm zu sagen, war geblieben. Als ich jetzt mit ihm telefonierte, reagierte er ganz neutral und gab mir mit charmanter, etwas forscher Stimme Ratschläge für einen Schlaftee. Er habe noch viel zu tun, zwei Lämmer seien geschlachtet worden. Er müsse die Stücke wiegen und den Preis ausrechnen, er wolle sie morgen in der Agentur verkaufen, die Leute rissen ihm das Fleisch aus der Hand.

Ich nahm allen Mut zusammen: «Vergiß nicht, ich liebe dich», sagte ich ziemlich unmotiviert, aber ich wollte es loswerden.

Schweigen auf der anderen Seite. Dann: «Ich weiß es.» Pause. «Nun schlaf mal schön.»

Mich durchschoß plötzlich ein merkwürdiges Gefühl. «Bist du nicht allein?» fragte ich.

«Wie kommst du denn darauf?» antwortete er mit gleichbleibend freundlicher Stimme, ich meinte sogar, ein kleines Lachen herauszuhören. «Nun schlaf mal schön», sagte er nochmal, und damit war das Gespräch beendet.

Ich wälzte mich von einer Seite auf die andere und konnte nicht einschlafen. In meinem Kopf begann sich wieder das unselige Rad zu drehen. Immer und immer wieder alle bösen Szenen des letzten Jahres. Ich war machtlos dagegen. Und zwischendurch das letzte Telefongespräch. Da stimmte etwas nicht. Ob Barbara bei ihm war? Nein, beruhigte ich mich, das würde ich ihm nun doch nicht zutrauen. Er hat eine Wohnung in der Stadt, und Barbara auch. Außerdem hat er noch auf der Frankreichreise immer wieder versichert, mit Barbara sei es aus. Gut, wir leben getrennt, aber das Haus gehört uns immer noch gemeinsam. Kappelsberg war unsere ganz persönliche Insel, aus der wir beide Kraft schöpften, es war der stärkste Ausdruck unserer Gemeinsamkeit. Das würde er respektieren.

Es begann zu dämmern, und ich schlief immer noch nicht. Ich fühlte mich wie gerädert. Ich würde hinfahren, wußte ich plötzlich, sonst würde ich verrückt. Es war eine von diesen zwanghaften Handlungen, die ich nicht steuern konnte. Ich machte alles automatisch, erinnere mich aber noch genau, daß ich etwas sportlich Lässiges anzog, das ich besonders attraktiv fand, eine pinkfarbene Hose, weißes Sweatshirt, einen pinkfarbenen Seidenschal und weiße Turnschuhe.

Es war ein schöner Altweibersommertag mit glitzernden Tautropfen. Wie oft war ich diese Strecke gefahren! Jeder Baum war mir vertraut. Inzwischen war es hell geworden; es war so gegen sechs Uhr, als ich auf den Hof fuhr. Ich ging um das Haus herum. Ich hatte zwar einen Schlüssel, aber den wollte ich nicht benützen. Als ich über die Terrasse ging, hörte ich ein Geräusch und hielt inne. Durch das offene Schlafzimmerfenster kamen vertraute kleine Schnarchlaute. Also war er allein! Ich mußte unwillkürlich lächeln. Die Anspannung ließ nach. Eigentlich wollte ich umkehren, und Dieter hätte von meinem Mißtrauen gar nichts gemerkt. Aber dann ging ich doch die paar Schritte bis zum Fenster und sah hinein. Dieter lag in seinem Bett, und Barbara neben ihm, in meinem Bett.

Ich überlegte nicht mehr, ging durch den Vorbau zur Glastür, die in die Küche führte und klopfte. Dieter war offenbar schnell wach. Er hatte sich einen Morgenmantel übergeworfen und öffnete die Tür. Ich stammelte irgend etwas, und er auch, ich glaube, keiner von uns beiden kann sich heute noch daran erinnern, was wir in diesen ersten Schrecksekunden sagten. Dann fand ich meine klaren Gedanken wieder.

«Ich wollte es nicht glauben, daß du mit Barbara hierherfährst.»

«Na, jetzt weißt du es halt», sagte er kalt.

«Und wieso hast du mir dann immer gesagt, es sei aus mit ihr? Warum diese Lügen?»

Ich sah durch die offene Tür ins Schlafzimmer. Barbara saß im Bett und hatte die Decke über ihre Knie bis zu den Schultern hochgezogen. Sie hielt den Kopf gesenkt.

«Das stimmte ja auch, es war ja auch aus.»

«Barbara, können Sie sich nicht mal dazu äußern? Ich werde mit dieser Situation einfach nicht fertig», wandte ich mich an sie und ging in Richtung Schlafzimmer. Da sprang Dieter auf mich zu, packte mich so am Arm, daß es mir weh tat und zog mich mit wütendem Gesicht zurück ins Wohnzimmer.

«Halt Barbara da gefälligst raus! Sie hat damit überhaupt nichts zu tun! Unsere Schwierigkeiten sind nur unsere Sache. Laß sie aus dem Spiel, hörst du mich!» Er hatte die Fassung völlig verloren und schüttelte mich mit beiden Armen. Der Ritter, der sich schützend vor seine Geliebte stellte!

Und dann schrie er mir ins Gesicht: «Glaub ja nicht, nur weil dir dreißigtausend Mark von dem Haus gehören, hättest du ein Recht, hierherzukommen!» Seine Stimme überschlug sich. Inzwischen hatte sich Barbara etwas übergezogen und mein Bett verlassen. Sie kam auch ins Wohnzimmer und lehnte stumm an der Wand. Dieter ließ mich los. Ich wandte mich an Barbara. «Barbara, ich höre seit einem Jahr von Dieter, daß es aus ist zwischen Ihnen und meinem Mann. Und jetzt dies hier! Sie sind eine Frau, und dazu noch eine, die selbst Schwierigkeiten in ihrer Ehe hat, also müßten Sie doch Verständnis für meine Situation haben!»

«Es war auch aus. Aber es ging Dieter so schlecht. Ich wollte, daß es ihm besserging.» Sie sagte das mit leiser Stimme.

Auf dem Rückweg im Auto dachte ich bei jedem Brückenpfeiler: Hier mit hundertachtzig dagegen, das wäre ein schnelles Ende. Es war das erste und einzige Mal, daß ich an Selbstmord dachte.

Überraschenderweise überstand ich den Unterricht mit Bravour, obwohl ich natürlich völlig übermüdet war. Abends rief ich Gudrun an. Ich mußte ihr einfach die Geschichte von heute morgen erzählen. Sie zeigte sich sehr betroffen, und ich war wie ein getretener Hund dankbar für ihr Verständnis und die liebevollen Trostworte, die sie fand. Ich brauchte jetzt Menschen, die mich unterstützten. Um so mehr traf es mich, als sie einige Tage später, nachdem sie vermutlich mit Dieter gesprochen hatte, im Laufe der Unterhaltung sagte: «Du hättest ja nicht hinzufahren brauchen nach Kappelsberg. Schließlich lebt ihr getrennt, und es geht dich nichts an, was Dieter macht. Du hättest dir viel ersparen können. Ich käme nicht auf die Idee, Mike hinterherzuspionieren.»

Ich war tief gekränkt. Bis vor kurzem hätte ich auch so reagiert wie Gudrun, sagte ich mir selber. Aber sie hatte meinen Leidensweg in allen Einzelheiten mitbekommen. Ich hatte mich ihr so nahe gefühlt und hätte jetzt Mitleid gebraucht. Ihre Liebe zu ihrem Bruder war offensichtlich doch so groß, daß sie immer, wenn sie Stellung beziehen müßte, seine Partei ergreifen würde.

Von da an zog ich mich innerlich von Gudrun zurück. Es hatte wohl keinen Sinn mehr, mit ihr über Dieter zu reden. Ich mag sie immer noch sehr, aber ich kann ihr gegenüber nicht mehr so offen sein.

Am späten Abend jenes denkwürdigen Tages rief Dieter an. «Was hast du dir eigentlich dabei gedacht, heute morgen?»

«Ich wollte endlich mal die Wahrheit wissen über deine Beziehung zu Barbara. Nun weiß ich, daß du mich immer wieder belogen hast», rief ich erbittert.

«Ich habe dich nicht belogen, es war wirklich aus.»

«Ich hatte bis jetzt angenommen, unsere Trennung sei nur eine räumliche, und zwar um unsere Beziehung zu verbessern. Aber heute morgen ist mir bewußt geworden, daß du auch eine innere Trennung vollzogen hast.»

«Ach, hör doch auf damit! Ich finde es jedenfalls unmöglich, daß du nach Kappelsberg gekommen bist. Du wirst schon sehen, was du davon hast. Meine Beziehung zu Barbara fing gerade wieder an. Ich hätte endlich die Möglichkeit gehabt, damit fertig zu werden, da kommst du und machst alles kaputt.» Pause, dann: «Barbara hat nämlich nach deinem Auftritt Schluß gemacht mit mir.»

Ich war sprachlos. Jetzt wollte er mir die Schuld zuweisen für sein Zerwürfnis mit Barbara. «Weißt du was», sagte ich so cool, wie ich es fertigbrachte, «ich will nichts mehr mit dir zu tun haben! Ich will dich nicht mehr sehen, und ich will auch keine Telefonate mehr! Ich habe einfach die Nase voll von dir!» Hoffentlich hielt ich es auch durch.

Zwei Tage später rief Dieter an, tat, als ob nichts gewesen wäre, wie geht's dir und so. Ich erinnerte ihn an meinen Wunsch, in Ruhe gelassen zu werden. «Hör mal, wir sind zwei erwachsene Menschen. Wir kennen uns so lange. Man kann doch nicht einfach auf einen Knopf drücken, und dann hört man nichts mehr voneinander.»

Ich schwieg.

«Übrigens habe ich heute meinen zukünftigen Chef kennengelernt. Ein fader Typ. Ich kann mir überhaupt nicht vorstellen, wie der eine solche Werbeagentur wie unsere erfolgreich leiten will. Ich glaube, der hat keine Ahnung. Im November wird er anfangen.»

Dieter rief mich weiterhin zwei- bis dreimal die Woche an, bald war es wieder täglich. Ich hatte es schwer in dieser Zeit. Immer wieder dachte ich an Barbara in meinem Bett. Manchmal schreckte ich nachts schweißgebadet auf und hatte dieses Bild vor Augen. Es war schlimm, damit zu leben. Oft fragte ich mich, wieso ich mit der Trennung von Dieter nicht fertig wurde. Die Scheidung von meinem ersten Mann war vergleichsweise schmerzlos gewesen. Da hatte ich mir drei Tage die Augen aus dem Kopf geheult, hatte Michael zu meinen Eltern gebracht und mich ins Studium gestürzt. Dann lebte ich das erste Mal allein, beziehungsweise mit meiner Schwester zusammen. Aber das bedeutete in der Freiheit keine Einschränkung. Gleich am ersten Tag in Heidelberg lernte ich einen Haufen Leute kennen, war fast jeden Monat in jemand anders verliebt. Allerdings war ich auch erst 27. Jetzt war ich 56. Eigentlich sollte man doch mit zunehmendem Alter besser mit den Problemen fertig werden. Bei mir war das offenbar nicht der Fall...

Zum Glück hatte ich meinen Beruf. Der Unterricht war wirklich die einzige Zeit, wo ich nicht an Dieter dachte. Obwohl ich mit großer Konzentration arbeiten mußte, fühlte ich mich innerlich befreit und deswegen entspannt. Und dann die Liebe der Kinder! Immer wieder lagen morgens kleine Briefchen auf meinem Pult: Liebe Frau Kaltenbach, du bist die beste Lehrerin der Welt! Oder: Liebe Frau Kaltenbach, können Sie nicht meine Mama sein? Ich ging auf jeden dieser Briefe ein. Überhaupt setzte ich viel Phantasie und Zeit ein für meinen Unterricht. Es gab kaum einen Spaziergang, von dem ich nicht etwas für die Schule mitgebracht hätte. Jetzt zum Beispiel waren die Hecken voll mit Hagebutten. Es war nur eine kleine Mühe, dreißig schöne, reife Früchte abzupflücken und sie als Anschauungsmaterial mitzunehmen. Eine Frucht in die Hand zu nehmen, die Schale zu probieren, diese herbe Süße auf der Zunge zu kosten, war wesentlich eindrucksvoller als ein Lehrbuch. Man mußte natürlich die schönen dicken Früchte der Rosa ragosa nehmen. Das hatte ich wie so vieles von Dieter gelernt...

Vielleicht war das der Grund dafür, oder einer der Gründe, weswegen es mir schwerfiel, mich von ihm zu lösen. Ich hatte so viel von ihm gelernt.

Aber ich wollte es schaffen, ich wollte mich nicht zerstören lassen. Immer, wenn es mir ganz schlecht ging, kam eine Art Phönixwille in mir hoch: Selbst wenn ich zu Asche verbrannt war, wollte ich daraus neugeboren werden!

Schon als Halbwüchsige hatte mich diese Fabel fasziniert. Über den Phönix, den fabelhaft heiligen Vogel der alten Ägypter, in adler- oder reiherähnlicher Gestalt mit purpur- und goldfarbigem Gefieder, gibt es die verschiedensten Sagen. Im Gedächtnis ist mir diese geblieben: Der Phönix verbrannte sich alle fünfhundert Jahre in seinem aus Gewürzen bereiteten Nest, ging aber verjüngt wieder aus seiner Asche hervor und trug die Reste seines alten Körpers, in Myrrhen eingeschlossen, nach Heliopolis in Ägypten. Der Phönix wurde zum Symbol ewiger Verjüngung und Wiedergeburt.

Ach, wie mir dieses Bild gefiel!

Die Herbstferien verbrachte ich in einem kleinen gemütlichen Gasthof an der Ostsee. Ich wollte am Wasser entlanglaufen und viel lesen. Ich hatte Gustav Meyrink wiederentdeckt. Vor vielen Jahren hatte ich ihn schon mal gelesen, und nun wollte ich feststellen, ob ich ihn immer noch so aufregend fand. Ich nahm den «Golem» mit und «Das grüne Gesicht» und verschlang beide. Im Nachwort las ich, daß Meyrink noch weitere esoterische Bücher geschrieben habe. Esoterik kannte ich nur aus der Anthroposophie, mit der ich mich sehr ausgiebig, wenn auch ablehnend, während meiner ersten Ehe beschäftigt hatte. Ich ging in den nächsten Buchladen und wollte mehr über Esoterik wissen. Mit einem Arm voller Bücher kam ich wieder raus. Mein Gott, ich hatte Sprach- und Literaturwissenschaft studiert, aber was ich alles nicht wußte, das setzte mich in Erstaunen. Was konnte ich noch alles lernen! In solchen Momenten freute ich mich an meinem Leben.

In dem kleinen Gasthof waren nur wenige Menschen, es ging sehr familiär zu. Einer der Gäste, ein Mann, ungefähr in meinem Alter, interessierte sich offensichtlich für mich. Er war Justitiar und Vorstandsmitglied in einem großen Verlag, was er während eines Gesprächs durchblicken ließ. Er war keineswegs mein Typ, aber er war mir nicht unsympathisch, und – er war ein Mann. Ganz kühl überlegte ich mir, ob ich mit ihm ins Bett gehen könnte. Ja, ich glaube schon. Verliebt war ich wirklich nicht. Aber ich wollte mit einem Mann ins Bett gehen, je eher desto besser. Ich wollte sehen, ob bei mir überhaupt noch etwas funktionierte. Ich hatte so schreckliche Sachen über die Menopause gelesen, und jetzt wollte ich es wissen.

Martin, ich nenne ihn mal so, seinen richtigen Namen habe ich längst vergessen, bemühte sich sehr um mich. An einem Tag stand ein Strauß Zinnien in den herrlichsten Farben in meinem Zimmer, an einem anderen Tag ein Korb mit Obst, nachdem wir auf einem Spaziergang ein bißchen über Ernährung gesprochen hatten und ich sagte, daß ich gerne rohes Obst und Gemüse esse. Diese Spaziergänge mit ihm waren wirklich eine Freude. Er war Jäger und kannte eine Menge Pflanzen. Das war ein Punkt, in dem wir uns trafen. Ich konnte mit ihm dieses Interesse teilen. «Oh, sehen Sie mal», rief ich ihm auf einem Waldweg zu, «wie schön die Früchte des Salomonsiegels sind!» Ich liebte diese Pflanze besonders wegen ihrer schönen hängenden Blüten. Jetzt sah ich zum erstenmal ihre Beeren. Ich hatte vorher nie darauf geachtet.

«Sind Sie eigentlich Botanikerin, haben Sie Biologie studiert?»

«Nein», lachte ich, «das sind die kleinen Dinge, die man lernt, wenn man ein Häuschen auf dem Land hat und mit offenen Augen durch die Natur geht.» Eigentlich hatte ja Dieter mir die Augen geöffnet...

Martin machte auf diesen Spaziergängen kleine Annäherungsversuche, er legte den Arm um meine Schulter oder fing mich behutsam auf, wenn ich über einen Graben springen mußte. Das ging nun schon einige Tage so. Er wurde drängender, da ich ihn nicht abgewehrt, allerdings auch keine eigene Initiative ergriffen hatte. Heute war Samstag, und morgen fuhr er zurück zu Frau und Kindern. Er hatte ganz offen darüber gesprochen, daß er seine Frau oft betrüge, da sie seit Jahren nicht mehr miteinander schliefen. Seine Frau habe auch gar kein Interesse daran. Soso, dachte ich, da möchte ich doch gern mal hören, was sie selbst dazu zu sagen hat...

Wir setzten uns auf eine Bank, und ich ließ mich zum ersten Mal von ihm küssen. Sofort mußte er meinen Busen streicheln. Manchmal sind Männer doch wirklich zum Kotzen! Ich schob seine Hand beiseite und lächelte ihn an: «Nicht jetzt.» Er strahlte, denn nun wußte er, daß er an sein Ziel kommen würde. Er sah mich verliebt an, atmete schwer und versuchte das zu kaschieren, indem er unmotiviert lachte.

Das Spiel fing an, mich zu amüsieren. Typisches Weibchenverhalten, konstatierte ich.

«Darf ich mit auf dein Zimmer kommen?»

«Ich habe schrecklichen Hunger, ich möchte erst was essen.»

«Gut, sagen wir, zwei Uhr?»

Ich mußte an mich halten, um nicht über die Komik der Situation zu lachen.

«Sagen wir drei.»

Ich hatte mich mit einem sehr netten jungen Ehepaar, das ich kennengelernt hatte, zum Essen verabredet, um nicht ewig Martin im Schlepptau zu haben.

Um zwei war ich zurück in meinem Zimmer. Noch eine Stunde. Ich ging unter die Dusche. Als ich mich abtrocknete und mich in dem großen Spiegel ansah, freute ich mich an mir. Ich fand mich schön. Ich hatte meinen Körper immer gemocht, wenn ich mal von der Pubertät absehe. Gut, Po und Busen waren nicht mehr so knackig wie vor zwanzig Jahren, aber die Proportionen stimmten. Ich hatte keinen Bauch, und meine Haut war samtig, obwohl nicht mehr ganz so straff wie früher. In gewisser Weise freute ich mich auf das bevorstehende Sexabenteuer. Ich will nicht behaupten, daß das was mit Verliebtheit zu tun hatte, aber ich hatte Spaß an der ganzen Geschichte.

Ich zog elegante Dessous an, die ich mir erst neulich gekauft hatte, besprühte mich mit Parfüm und zog die Vorhänge zu, so daß der Raum in gedämpftem Licht lag.

Als Martin meinen seidenen Morgenmantel öffnete und zur Seite schob, hielt er einen Augenblick inne und sagte: «Mein Gott, bist du schön!» Was tat mir das gut! Das brauchte ich wie die Luft zum Atmen.

Der Rest ging schnell und war leider nicht so wohltuend. Martin stürzte sich auf mich, und ich war, wie befürchtet, völlig ausgetrocknet. Das ganze Vergnügen tat weh, und ich war froh, als es vorbei war. Martin war so von seiner eigenen Lust überwältigt, daß er offensichtlich von meinen Schmerzen nichts mitbekommen hatte. Immerhin sagte er: «Ich glaube, ich war zu stürmisch. Es tut mir leid.»

Ironischerweise kamen wir dann auf seine Familie zu sprechen. Er redete stundenlang über seine Kinder und deren Interessen, seine Frau sparte er aus. Als er wieder zärtlich werden wollte, schob ich eine Verabredung vor.

«Ich komme nach dem Abendessen wieder zu dir, wenn ich darf.»

«Ich möchte lieber zu dir kommen, wenn ich Lust habe», sagte ich mit Hintergedanken.

Am nächsten Morgen traf ich ihn maulig und übelgelaunt beim Frühstück. «Ich habe gestern abend stundenlang auf dich gewartet, und den Rest der Nacht lag ich wach und sah im Geiste immer deinen aufregenden Körper vor mir. Du hattest mir doch versprochen, zu kommen!»

«Nein», sagte ich kühl, «das habe ich keineswegs.»

Er gab mir seine Visitenkarte und war wieder ganz freundlich, als er in sein Auto stieg und abrauschte. Die Visitenkarte warf ich in den Papierkorb, und seine diversen Anrufe beantwortete ich so, daß er begriff, daß unsere kurze Begegnung keine Fortsetzung haben würde. Seltsamerweise deprimierte mich dieses Erlebnis überhaupt nicht, obgleich es mir doch gezeigt hatte, daß ich Schwierigkeiten beim Sex haben würde. Es schreckte mich nicht ab auf meinem Weg, die Liebe zu suchen, und das wollte ich jetzt. Sex war schließlich nur ein Teil davon. Und daß ich die Liebe möglicherweise nicht mehr bei Dieter finden würde, war mir auch klar. Es war also ein Aufbruch in neue Gefilde.

Der Phönixgedanke kam immer wieder. Ich wollte leben, ich wollte mir meine Träume nach Liebe, nach Erotik erfüllen. Warum sollte ich aufgeben, weil ich bald 57 wurde? Alter ist vollkommen unwichtig, man bestimmt sein Alter immer selber, das war eine der schönsten Erfahrungen meines Lebens.

Diese Einstellung habe ich nicht immer gehabt. Ich verdanke sie unter anderem der Begegnung mit einer Frau, die ich auf den Kanarischen Inseln kennenlernte. Ich ging jeden Tag zweimal schwimmen, es gab dort in der Nähe des Hotels einen kleinen Sandstrand. Eigentlich war niemand da, der mich interessiert hätte. Man sagte hallo, redete ein bißchen übers Wetter und das Hotel, und das war's auch. Nur eine Frau fiel mir auf. Sie wirkte ganz einfach, und man sah ihr an, daß sie ihr Leben lang hart gearbeitet hatte. Sie trug billige altmodische Sachen, schon dadurch hob sie sich von den anderen ab. Aber sie hatte auch eine Ausstrahlung und Persönlichkeit wie niemand sonst in diesem Hotel.

Ich schätzte sie auf siebzig. Sie hatte ein offenes, fröhliches Lächeln, das sie jedem schenkte. Ich sah sie oft im Gespräch mit irgendwelchen Menschen. Daher wußte ich auch, daß sie Deutsche war. Wir hatten uns schon ein paarmal angelächelt, aber nie miteinander gesprochen.

Als ich eines Tages wieder runterging zum kleinen Strand, rief jemand «Hallo» hinter mir her. Ich drehte mich um.

«Gehen Sie auch zum Strand?» fragte sie und lachte mich an. «Wenn Sie mögen, gehen wir zusammen. Ich habe nämlich gerade eine Stunde frei.»

Und sie erzählte mir, wie sie zu dieser Reise gekommen war. Eine begüterte Schulfreundin, die sehr krank war und nicht mehr allein reisen konnte, hatte sie gefragt, ob sie sie begleiten würde. Das hatte sie gern angenommen. Inzwischen hatten wir das Wasser erreicht. Der kleine Strand wurde rechts und links begrenzt von sanft ansteigenden Felsen, auf die man sich setzen konnte.

«Kommen Sie», sagte meine Begleiterin, «ich zeige Ihnen meinen Lieblingsplatz, hier sitze ich manchmal in der Sonne.»

Sie setzte sich hin und zeigte auf den Platz neben sich. Sie fing an, sich auszuziehen. Sie tat das ganz ungeniert und mit großer Selbstverständlichkeit. Es störte sie überhaupt nicht, daß viele Leute um sie herum waren. Unter dem Kleid trug sie einen Bikini.

Ich war zuerst erschrocken über ihren Körper. Alles war aus der Form geraten. Dicke Wülste schlaffer, welker Haut bildeten sich unter ihrem BH. Arme und Beine waren voll von Zellulitis mit vielen blauen Adern und Flecken. Aber all das vergaß ich völlig, wenn ich mit ihr sprach. Wir saßen da auf dem Felsen und schwatzten miteinander. Sie erzählte von ihrer Freundin, von ihren Kindern, von ihrer Arbeit. Sie betrieb Winter wie Sommer einen kleinen Kiosk in Dortmund.

«Wollen wir ins Wasser gehen?» Sie strahlte mich wieder an. Mit der größten Selbstverständlichkeit nahm sie ihren BH ab, und es plumpsten zwei schrumpelige Brüste auf ihren Bauch. «Ich schwimme gerne mit nacktem Busen, es ist ein schönes Gefühl, das Wasser so am Körper zu spüren. Ich liebe meinen Körper und finde ihn schön. Wer anderer Meinung ist, kann ja weggucken. Wissen Sie, als ich anfing, alt zu werden, genierte ich mich, baden zu gehen. Aber da sagte mein Alfred: ‹Ach was, ich finde deinen Körper schön, und deswegen ist er schön. Basta.› Und seitdem habe ich ein ganz anderes Verhältnis zu meinem Körper, auch wenn mein Alfred schon lange nicht mehr lebt.»

Aus ihren Augen kamen kleine Blitze von Lebensfreude. Sie beugte sich zu mir und sagte etwas leiser: «Ich habe viel Schweres erlebt in meinem Leben, aber ich bin immer eine glückliche Frau gewesen. Ich war immer verliebt. Im Augenblick bin ich's wieder. Heut abend kommt mein Liebster für eine Woche.»

Einen Moment dachte ich, sie erzählt dir Geschichten, von denen sie möchte, daß sie wahr wären.

«So, jetzt aber ins Wasser!»

Und mit kräftigen Zügen schwamm sie ins Meer hinaus.

Abends, als ich ins Restaurant ging, braungebrannt, schön geschminkt, sehr schick angezogen, winkte sie mir entgegen. Da saß sie in ihrem ärmlichen Kleid, Falten und Flecken im Gesicht, aber strahlend.

«Kommen Sie, Sie müssen unbedingt meinen Heinrich kennenlernen, ich habe ihm von Ihnen erzählt.»

Heinrich stand ungelenk auf und begrüßte mich. Später, von meinem Tisch aus, warf ich oft einen Blick auf das Paar. Sie saßen händchenhaltend nebeneinander und strahlten sich an. Es war so viel Zärtlichkeit zwischen ihnen.

Dieser Tag brachte mir die einschneidende Erkenntnis: Es kommt nicht darauf an, jung und faltenlos zu sein, um für andere attraktiv zu werden. Es liegt nur an der eigenen Ausstrahlung und an der Überzeugung von sich selbst.

Es waren Wochen vergangen seit dem denkwürdigen Tag in Kappelsberg. Dieter machte noch immer nicht den leisesten Versuch, mir zu erklären, wie er unsere Situation sah oder wie er zu Barbara stand. An einem Abend fragte ich ihn direkt, ich konnte es nicht mehr aushalten.

«Sie will nichts mehr von mir wissen», war die Antwort. «Das hast du mit deiner dramatischen Intervention fertiggebracht. Du kannst stolz darauf sein! Außerdem sucht sie sich einen neuen Job.»

Aha, dachte ich.

«Ich finde, das könntest du mir ja auch mal sagen. Es ist doch nicht unwichtig für unsere Beziehung.»

«Das ist völlig unwichtig. Barbara hat nichts mit den Problemen zwischen uns zu tun. Wenn du das doch endlich begreifen würdest.»

«Aber dann laß uns mal beginnen, unsere Probleme anzugehen!» rief ich verzweifelt. «Du weichst mir doch immer aus.»

«Ich lasse mich von niemandem mehr gängeln.

Auch von dir nicht!» schrie er. «Ich gehe ins Bett, mit wem ich will! Außer mit Barbara war ich inzwischen mit vier anderen Frauen im Bett!»

Ich zuckte zusammen. Wäre er mir doch nur nicht mehr unter die Augen gekommen. Ich hatte doch geschworen, ihn nicht mehr sehen zu wollen...

«Wer ist es, kenne ich sie?» fragte ich und biß mich im selben Moment auf die Zunge.

«Ach, hör auf damit, diese ewigen Fragen. Es ist doch völlig bedeutungslos, wer das war!»

«Für mich nicht. Ich werde besser damit fertig, wenn ich weiß, wer es ist.»

«Nein.»

«Aber kannst du mir nicht helfen, mit den Verletzungen fertig zu werden, die du mir zugefügt hast? Du siehst doch, daß ich leide.»

«Mit deinen Verletzungen mußt du allein fertig werden.»

Die Kälte, mit der er das sagte, die war bitter.

Das zweite Weihnachtsfest ohne Dieter hatte ich hinter mich gebracht. Kaum vorzustellen. Und das halbe Jahr, für das er die Wohnung gemietet hatte, war auch längst vorbei. Die Wohnung garantierte ihm seinen Freiraum. Er machte keinerlei Anstalten, Klärung in unsere verfahrene Ehesituation zu bringen. Und wenn ich in Abständen ein Gespräch zu führen versuchte, weil ich so nicht weiterleben konnte und wollte, wich er aus und führte seine angespannte Berufssituation ins Feld, die sich offenbar genauso wenig verändern ließ wie unsere persönliche Krise.

Eines Tages las ich in einer Frauenzeitschrift einen so interessanten Bericht über eine ungewöhnliche Frau, so daß ich mir ihre Adresse und Telefonnummer aufschrieb. Sie hat das Zweite Gesicht und versucht mit dieser Gabe, anderen Menschen zu helfen. Sie wurde als weise Frau dargestellt, mit ungewöhnlichen, längst vergessenen Fähigkeiten. Da ich in der nächsten Woche sowieso in Norddeutschland sein würde, könnte ich genausogut nach Bremen fahren, wo sie lebte.

Das wurde ein aufregender Nachmittag. Als ich ihr Haus gefunden hatte, dachte ich, von allen Häusern dieser Stadt konnte sie nur in diesem wohnen: Es war klein, geduckt, vollkommen überwuchert von Efeu, der Vorgarten verwunschen und verwildert. Genau so, wie man sich das Haus einer Hexe vorstellt. Als ich klingelte, ging ein irres Gebell los. Und eine helle fröhliche Stimme rief: «O bitte, gedulden Sie sich einen Moment, ich muß erst die Hunde wegbringen.»

Dann öffnete sich die Tür und eine kleine rothaarige wuschelköpfige, lachende Frau, vielleicht um die Vierzig, strahlte mich an. Sie war 52, wie sie mir später sagte, als sie nicht glauben wollte, daß ich fast 57 war. Im Flur stapelte sich alles: Schuhe, Mäntel, Hundesachen. Das gleiche Chaos im Wohnzimmer, wo ich ihr jetzt gegenübersaß. Alles vollgestellt mit Pflanzen, exotischen Mitbringseln, Zeichnungen,

Fotos, Vasen und Krimskrams. Und Katzen, die durchs Fenster ein- und ausgingen. Dazwischen das Kreischen eines schönen blauen Papageis. Das alles zusammen machte einen unbeschwerten, liebenswerten Eindruck, die Atmosphäre einer freundlichen Hexe oder einer guten Fee.

Sie hatte funkelnde schelmische Augen mit Hunderten von Lachfalten, was ihr etwas Koboldhaftes gab.

Ich sprach sie auf ihren Namen an. Reta Tuselli könne ja wohl nur ein Pseudonym sein, so kann man doch gar nicht heißen. Doch, das sei ihr richtiger Name, versicherte sie mir. Sie strahlte mich an und ergriff meine Hand, die sie ausdauernd mit großer Aufmerksamkeit betrachtete.

«Sie sind im Augenblick nicht glücklich», stellte sie schließlich fest, «aber das wird sich ändern. Da ist ein schwarzhaariger Mann, der schon in ihrer Aura ist. Sie werden ihm begegnen, selbst wenn Sie nach Australien fahren müßten. Er ist viel jünger als Sie. Er kommt aus dem medizinischen Bereich, hat ein Haus. Wahrscheinlich lebt er auf dem Land und hat dort eine Praxis. Er ist häuslich und auf Sie fixiert. Wenn Sie ihm begegnen, so im Juli denke ich, dann bleibt die Zeit für Sie stehen, daran werden Sie ihn erkennen. Sie werden so glücklich miteinander sein, daß der eine stirbt, wenn der andere die Augen schließt. Er ist Ihre andere Lebenshälfte. Ihr jetziger Mann kann das gar nicht sein, sonst hätte er Sie nie verlassen.»

Ich war fasziniert von der Ausstrahlung dieser Frau. Als ich mich verabschiedete, umarmte sie mich spontan und herzlich. Wir schieden wie Freundinnen. Ich fuhr beflügelt nach Hause.

Am nächsten Nachmittag saß ich über einer Diktatkorrektur, als das Telefon ging.

«Hier ist Jonathan Berg. Ich bin ganz in Ihrer Nähe und mußte deswegen sehr an Sie denken.»

Jonathan! Über ein Jahr hatte ich nichts von ihm gehört, und jetzt ruft er an!

«Warum kommen Sie nicht einfach auf ein Glas Sherry bei mir vorbei?»

«Gerne, wenn Sie mich noch sehen wollen.»

Ich war irrsinnig aufgeregt. Jonathan! Ich konnte es gar nicht fassen. Gott sei Dank hatte ich meine Haare heute morgen gewaschen. Ich rannte ins Badezimmer, warf einen Blick in den Spiegel, alles in Ordnung.

Ich hatte weiche Knie, als ich ihm die Tür öffnete. Dann saßen wir uns gegenüber. Ich bot ihm etwas zu trinken an und war sehr froh, damit beschäftigt zu sein, um meine Aufgeregtheit dahinter verstecken zu können. Ich habe wenig Erinnerung daran, was wir sagten. Um so deutlicher erinnere ich mich an die knisternde Spannung zwischen uns. Als er sich verabschiedete, sagte ich: «Es war schön mit Ihnen. Ich würde mich freuen, wenn Sie wiederkämen.»

«Oh, ich komme wieder.»

Freude durchströmte mich. Ist das ein Gefühl!

Von diesem Tag an kam das Rad in meinem Kopf

mit all den negativen Gedanken zum Stillstand. Natürlich war die Krise damit nicht beendet, aber meine Grundeinstellung zum Leben schien sich zu ändern. Ich begann die Dinge doch sehr viel positiver zu sehen. Und auch wenn die Trennungszeit und die Entfremdung von Dieter weiterlief und schmerzhaft war, so lernte ich sie doch besser zu verkraften.

Jonathan meldete sich nach ein paar Tagen wieder. Ich weiß nicht mehr, ob wir beim dritten oder vierten Mal miteinander ins Bett gingen. Alle meine Ängste, es könnte aus «technischen» Gründen schiefgehen und unser Verhältnis belasten, bevor es begonnen hatte, waren vergessen, als ich in seinen Armen lag. Ich hatte das Gefühl, ich bin angekommen, da, wo ich schon immer hinwollte. Lange Zeit lag ich nur bei ihm, und er hielt mich ganz fest an sich gedrückt. Es war nichts als Zärtlichkeit und Wärme zwischen uns. Als wir uns dann streichelten, merkte ich, wie Lustgefühle in mir erwachten, die ich ewig nicht empfunden hatte. Er küßte mich sanft und zart. Behutsam. So hatte ich es mir immer vorgestellt. Es gab mir den Mut, ihm zu sagen: «Laß dir Zeit, es ist so schön, in der Liebe alles langsam zu tun.» Er nahm sich Zeit. Und das war etwas Neues für mich. Ich genoß meinen Körper ganz bewußt.

Vielleicht ist die Liebe mit einem Sechzigjährigen schon wegen des bewußteren Genießens etwas Besonderes. Er ließ keinen Zentimeter meines Körpers aus, er küßte und streichelte jeden. Zwischendurch kamen immer wieder kleine Ausrufe des Erstaunens und Entzückens. Wie schön du bist! Was für einen hübschen Busen du hast, diese Knie, dieser Bauch! Er fand einfach alles schön an mir. Als seine Lippen meinen Venushügel hinunterglitten, merkte ich, daß ich schwamm. Für den Bruchteil einer Sekunde dachte ich an meine Menopausen-Ängste und mußte lachen. Es war ein befreiendes Lachen.

All meine erotische Phantasie konnte ich mit Jonathan ausleben. Wenn ich nur in die Nähe einer Vorstellung kam, setzte er sie in die Tat um. So etwas hatte ich noch nie erlebt.

Wir hatten nur ein paar Stunden für uns. Er war ja auch einer von diesen vielbeschäftigten Männern. Aber wir nutzten jede Sekunde dieser kostbaren Zeit. Er war ein wundervoller Liebhaber, voll von Zärtlichkeit und Phantasie, und wir waren fröhlich im Bett und lachten viel zwischendurch. Einmal, als ich eine Hand auf meinen Bauch legte und Jonathan in mir spürte, sagte ich: «Bitte beweg dich jetzt nicht, ich genieße dich so.» Es war ein uralter Traum von mir, diesen Zustand mit einem Mann zu erreichen. Es war mir nie gelungen. Es scheiterte an der Leidenschaftlichkeit im Anfangsstadium der Verliebtheit. Und wenn ich eine solche Vertrautheit erreicht hatte, daß ich darüber hätte sprechen können, war die Lust nicht mehr da. So blieben meine Wünsche immer in mir verschlossen, bis ich Jonathan traf. Bei ihm war mit der Lust auch gleichzeitig Vertrautheit da.

Da Jonathan immer bemüht war, etwas zu tun, was mir Freude machte, lernte er auf diese Weise, seine Gefühle für mich auch auszusprechen. Es war ein beglückendes Erlebnis für mich, zu sehen, wie dieser früher scheue Mann durch unsere Liebe einen Lernprozeß durchlief. Ich weiß nicht mehr, wann er mir zum erstenmal sagte, daß er mich liebe. Jedenfalls gab es unserer Beziehung eine neue Qualität.

An einem Tag, als es mir sehr schlechtging – ich glaube, es war der Tag, nachdem Dieter mir gesagt hatte, er habe auch noch mit vier anderen Frauen geschlafen –, ging ich in einen Buchladen, in dem man ungestört herumstöbern konnte. Auf einem der Tische waren Bücher über Ehe, Liebe und Partnerschaft ausgebreitet. Ich nahm sie fast alle in die Hand und sah sie mir an. Eines davon hieß «Das Tantra der Liebe». Ich blätterte darin. Die kleinen erotischen Zeichnungen faszinierten mich. Zu Hause las ich es. Das war mein Traum. Vielfältig und phantasievoll. Ich sprach mit Jonathan über das Buch. Seitdem nannten wir den Zustand, wenn er in mir verharrte, eine «Reise nach Indien machen».

Auf einem Spaziergang erzählte mir meine Freundin Iris, daß sie ein orientalisches Märchen gelesen habe, von dem sie ungeheuer beeindruckt sei: Da ist ein Prinz, und da ist ein Mädchen. Sie treffen sich jeden Abend in einem schönen, geheimnisvollen Raum und verbringen die Nacht, die voller Erfüllung ist, miteinander. Bei Anbruch der Morgendämmerung trennen sie sich. Jeder geht seine Wege.

«Was fasziniert dich so daran?» fragte ich Iris.

«Diese geheimnisvollen Nächte und das Alltagsleben sind völlig voneinander getrennt. Das erinnert mich nämlich an einen Kindertraum, oder vielleicht schon Teenagertraum. Ich sehe mich in einem großen Raum, in dem nichts anderes ist als weiße Tücher. Der Raum hat kein Fenster, aber er ist ganz hell, und überall gibt es weiche, weiße Tücher. Da ist noch ein Mann. Wir lächeln einander an, gehen aufeinander zu, sind sehr zärtlich miteinander, trennen uns wieder, das Spiel beginnt von vorn. Es entsteht ungeheure erotische Spannung, die Erfüllung wird hinausgeschoben.»

Dies Bild gefiel mir. «Das ist ja das Tantra der Liebe!» rief ich und erzählte ihr von Jonathan. «Ich glaube, jede Frau hat diesen Wunsch nach romantischer Liebe. Man gesteht es sich nur nicht ein. Jede Frau ist eine Zauberin, aber erst wenn man auf einen Zauberer trifft, können sich solche Wünsche erfüllen. Ich habe jetzt meinen Zauberer getroffen. Zwischen mir und Jonathan ist der Alltag ausgespart, vielleicht läßt sich deswegen die erotische Spannung so erhalten.» Ich lachte. «Unsere Beziehung fängt erst an. Ich habe keine Ahnung, wie es weitergehen wird. Danach will ich jetzt auch nicht fragen. Ich möchte es so, wie es ist, jeden Augenblick genießen.»

Obwohl Jonathan in mein Leben getreten war und einen großen Raum einnahm, ließ mich das ungelöste Problem mit Dieter keineswegs los. Zwar zermürbten mich meine Gedanken nicht mehr so – es gab jetzt viel mehr Positives als Negatives, was sich auf mein seelisches Gleichgewicht harmonisierend auszuwirken begann –, trotzdem blieb ich ihm gegenüber verletzbar.

Eines Nachts verspürte ich nach einem ausgiebigen Essen in einem Restaurant plötzlich entsetzliche Übelkeit, hatte Durchfall und erbrach mich. Meine Ärztin vermutete aufgrund der Symptome eine Salmonelleninfektion. Sie hatte recht damit. Ich war nicht in der Lage, irgend etwas zu essen, selbst zum Trinken mußte ich mich zwingen. Ich war innerhalb kürzester Zeit so schwach, daß ich kaum noch aufstehen konnte. Frau Dr. Mende wollte mich ins Krankenhaus einweisen lassen, zumal da noch Verdacht auf eine Entzündung der Bauchspeicheldrüse bestand. Das wollte ich unter gar keinen Umständen, weil ich mich den vielen aggressiven Untersuchungen, die ich auf mich zukommen sah, nicht mehr gewachsen fühlte. Sie war sehr verständnisvoll. Und ich habe oft in dieser Zeit gedacht, wie gut es ist, mit einer Frau zu reden, die meine Gedanken und Gefühle ohne Umwege verstehen kann.

Wir einigten uns darauf, daß ich zunächst zu Hause bleiben konnte, unter der Voraussetzung, daß wenigstens nachts jemand in der Wohnung wäre. Dieter erklärte sich bereit, mich zu versorgen. Die Wohnung, die er gemietet hatte, wurde sowieso von ihrem Besitzer beansprucht, weil er aus Paris zurückgekommen war. Das hatte aber kaum Auswirkungen auf unser Zusammenleben, denn Dieter – er hatte inzwischen sang- und klanglos wieder ein paar

Sachen in unsere Wohnung gebracht – fuhr fast jeden Abend nach Kappelsberg. Seine berufliche Situation hatte sich dramatisch zugespitzt, bis ihm sein Chef schließlich eröffnete, er könne nicht mit ihm zusammenarbeiten, er möge sich um eine andere Arbeit bemühen. Dieter wurde sozusagen fristlos beurlaubt, wenn auch seine Bezüge zunächst weiterliefen. Das traf ihn hart, obwohl er es immer schon befürchtet hatte. Meine Krankheit fiel also in eine für ihn denkbar schlechte Zeit.

Jeden Morgen und jeden Abend kam Frau Dr. Mende zu mir. Ich konnte jetzt schon eine Woche absolut nichts essen und trank nur Gemüsebrühe. Ich nahm ab, wog inzwischen nur noch 96 Pfund, was bei meiner Größe von 1,68 Meter natürlich viel zu wenig war. Ich zwang mich, hin und wieder aufzustehen, um den Kreislauf in Bewegung zu halten. Angst hatte ich eigentlich nicht. Ich wußte, daß eine Pankreatitis eine langwierige Angelegenheit ist, und ich fühlte mich bei Frau Mende in guten Händen. Aber es war eine schwere Zeit. Ich sehnte mich nach Liebe und Zärtlichkeit. Jonathan war im Moment nicht erreichbar, er hatte zur gleichen Zeit eine Gürtelrose.

Eines Abends saß Frau Dr. Mende wieder mal an meinem Bett. Ich konnte ganz offen mit ihr sprechen, und mit der Zeit hatte sich ein fast freundschaftliches Verhältnis zwischen uns entwickelt. «Ach, wie schön!» rief sie. «Endlich Blumen von Ihrem Mann!»

Mir schossen Tränen in die Augen. «O nein.

Dieter hat mir noch keine einzige Blume mitgebracht.» Die Blumen hatte Jonathan schicken lassen.

«Wissen Sie, manchmal habe ich wirklich eine Wut auf Ihren Mann. Man spürt seine Lieblosigkeit sofort, wenn man Sie beide zusammen erlebt.»

Wir überlegten gemeinsam, ob es sinnvoll wäre, wenn sie ihm das mal sagen würde, kamen aber dann zu dem Schluß, daß es besser sei, den Mund zu halten. Dann erklärte sie mir wieder mit großer Geduld die Vorgänge in meinem Körper und gab mir ein neues Rezept. «Können Sie Ihren Mann bitten, Ihnen die Sachen aus der Apotheke mitzubringen? Ich habe alles aufgeschrieben.»

Ich rief Dieter im Büro an und bat ihn, bei der Apotheke vorbeizugehen. Es war halb sechs.

«Ich habe wahnsinnig viel zu tun», sagte er, und ich hatte sofort ein schlechtes Gewissen, ihn gestört zu haben. «Ich bringe es dir nachher vorbei. Ach übrigens – morgen fahre ich für zwei Tage nach München.»

Hätte er mir das nicht anders, schonender beibringen können?

«Muß das sein, ist das jetzt so wichtig?» fragte ich völlig verzweifelt, weil ich so auf ihn angewiesen war.

«Natürlich ist es wichtig. Und du mußt mir schon selbst überlassen, das zu beurteilen. Es geht auch um Gespräche wegen einem neuen Job.»

Ich hatte in all dieser Zeit immer darauf gehofft, daß er sich mal zu mir ans Bett setzen, meine Hand halten oder mir übers Haar streicheln würde. Kleine Gesten der Anteilnahme, der Freundschaft, die ich jeder Freundin oder jedem Freund zuteil werden ließe, wären sie in meiner Situation. Aber von ihm kam nichts.

Als er später ins Zimmer trat, konnte man ihm seine Übellaunigkeit schon von weitem ansehen.

Ich fragte besonders freundlich, denn ich wollte keinen Streit: «Kannst du mir mit den Medikamenten helfen? Es sind neue, und Frau Dr. Mende hat gesagt, wir müssen uns genau an ihre Anweisungen halten.»

«Ich habe es durchgelesen», sagte er kurz angebunden. «Das kannst du alleine.» Er warf die Packungen auf mein Bett und ging ohne Gruß. Ich blieb fassungslos zurück, heulte nicht einmal.

Nach ein paar Wochen war ich wiederhergestellt. Ich freute mich auf Jonathan, wir hatten viel telefoniert, uns aber selten gesehen. Seine Anteilnahme und Besorgnis taten mir gut. Dieter suchte in dieser Zeit viele Leute aus der Werbebranche auf, um sich nach einem neuen Job umzusehen. Er war oft deprimiert. Obwohl er in der Branche als exzellenter Fachmann galt, war es nicht einfach, etwas Neues zu finden. Er war über fünfzig, und die Leute wollten junge, dynamische Kräfte. Erfahrung zählte nicht. Er kam oft abends nach Hause und war fertig. Diese Suche zog sich über Monate hin und nagte ganz schön an seinem sowieso nicht sehr stark ausgeprägten Selbstbewußtsein. Jeden Abend berichtete er mir von seinen vergeblichen Versuchen. Er tat mir sehr leid, und ich hätte ihm gern geholfen, wenn ich das gekonnt hätte.

Dieter war mir gegenüber aus dem Stadium der Aggression in ein Stadium der Gleichgültigkeit und Lieblosigkeit gekommen. Deta, eine etwa gleichaltrige Freundin, die auch gerade von ihrem Mann verlassen worden war, sagte einmal auf die Frage, wie er denn jetzt mit ihr umgehe: «Ach weißt du, freundlich, so als wenn er mit dem Briefträger spricht oder mit dem Schornsteinfeger. Da ist kein Unterschied im Ton. Freundlich gleichgültig.» Genau das ist es. Offensichtlich gibt es für bestimmte Situationen ähnliche Verhaltensmuster. Man kann tatsächlich einiges verallgemeinern.

Natürlich war ich noch immer verletzbar, aber nicht mehr von morgens bis abends. Am meisten traf mich, daß er überhaupt kein Unrechtbewußtsein zu haben schien. Nicht ein einziges Mal in der ganzen Zeit hatte er gesagt, daß es ihm leid tue, wie er mich behandelte oder daß alles so gekommen sei. Es hätte mir geholfen. Bis jetzt war das Wort Scheidung nie zwischen uns gefallen, obgleich ich sicher bin, daß jeder von uns diese Möglichkeit schon einige Male in Betracht gezogen hatte. Ich beschäftigte mich jetzt immer öfter mit dem Gedanken. Es hatte nur indirekt mit Jonathan zu tun. Er war ja verheiratet und nicht der Mann, der seine Frau nach dreißig Jahren Ehe vor die Tür setzen würde. Eine Hoffnung auf ein Zusammenleben mit Jonathan hatte ich also nicht.

Mein Geburtstag fiel diesmal auf einen Sonntag. Ich hielt es für eine gute Idee, mit nach Kappelsberg zu fahren. Ich war seit Weihnachten nicht mehr dort gewesen und freute mich darauf. Gestärkt durch Jonathans Liebe, glaubte ich Abstand genug zu haben, die diversen Postkarten auf dem Kaminsims und meine eliminierte Zahnbürste ertragen zu können. Nicht, daß ich vorhatte, etwas Besonderes aus meinem Geburtstag zu machen. Ich wollte etwas Leckeres kochen, mir dabei Zeit nehmen, den Tisch schön decken und hinterher mit Dieter gemütlich vor dem Kamin sitzen. Also nichts Aufregendes.

Ich fuhr Freitag abend mit ihm raus und ging nach der Ankunft gleich ins Haus, um ein bißchen aufzuräumen und Tisch und Bett von Magazinen, Fotos und Manuskripten freizuschaufeln. Dabei fiel mir ein Brief mit Dieters Handschrift auf. Er begann mit «Barbara» – schon war ich wieder elektrisiert. Ich hatte jetzt keine Zeit, ihn zu lesen, Dieter rief mich, aber ich würde es später nachholen.

Wie konnte ich so etwas tun? Wenn mir das jemand vor einigen Jahren gesagt hätte, hätte ich gedacht, das könnte mir nicht passieren. Ich würde niemals jemandem hinterherspionieren. Das wäre absolut unter meiner Würde. Wer bin ich denn! Überhaupt, ich würde mich gar nicht erst in die Situation bringen lassen, in der ich so einen Gedanken fassen würde. Ach ja...

Später las ich den Brief, und es war eine der schlimmsten Verletzungen, die ich mir selbst zufügte. «Barbara, sorg Dich nicht um mich, ich bin o.k. Kommt Zeit, kommt Rat. Es tut mir so leid, daß wir nur wieder eine Telefonschlacht geschlagen haben. Ich bin ein unbelehrbarer Optimist, wie Du inzwischen weißt. Du hast recht, daß diese Gespräche keine Klärung bringen. Wir tauschen Standpunkte aus, bewegen uns mit der Argumentation ganz vordergründig. Sie mögen Dir absolut sinnlos erscheinen, was ja auch zutrifft, wenn man Deine derzeitige Realität zugrunde legt. Daran zu wackeln, ist jetzt nicht der richtige Zeitpunkt. Das sagen nicht nur Deine Worte, das sagt Dein Wille, wo immer er aufscheint. Respekt! Für mich waren diese Gespräche ganz offensichtlich notwendig, und wenn Du wüßtest, wie viele ich gar nicht erst begonnen habe, dann müßtest Du eigentlich staunen über soviel Zurückhaltung. Was diese Gespräche bezweckt haben? Wenn man sich auf ein schwieriges Gewässer begeben und manche Vorsichtsmaßnahme über Bord geworfen hat, weil man vorankommen will, dann ist es angebracht, von Zeit zu Zeit zu prüfen, ob es noch weitergeht, ob man zurück und den Weg woanders suchen muß, ob das Wasser zu flach, zu kalt oder gar zu warm ist. Man sondiert, beobachtet, bedenkt den Wind, das Wetter und stellt fest: Es macht Fahrt! Ganz langsam zwar, aber immerhin. Es bewegt sich. Wir sitzen zwar nicht im selben Boot, wirst Du sagen. Richtig. Auch mir ist das nicht entgangen. Du hast gesagt, daß Du Liebe brauchst. Wer nicht? Auch ich brauche sie zum Leben. Dieter.»

Ich wußte nicht, wann dieser Brief geschrieben worden war, aber das war ja auch unwichtig. Ich habe lange gebraucht, damit fertig zu werden. Schmerzlich wurde mir bewußt, daß Dieter gar nicht unfähig zur Kommunikation war, wie ich immer angenommen hatte. Immerhin setzte er sich mit Barbara ernsthaft auseinander. Nur mir gegenüber verweigerte er sich.

Beim Abendessen eröffnete er mir: «Ach, übrigens, morgen früh fahre ich in die Stadt. Ich habe mit einer Fotografin einen Termin, sie hat für uns Fotos in Australien gemacht.»

«An einem Samstag hast du einen Termin?»

«Ja, das ist nun mal so. Sie lebt in Hongkong und ist nur kurz hier. Heute und morgen.»

«Und du konntest das nicht heute mit ihr besprechen?»

«Das mußt du schon mir überlassen, wann ich mit Mary Caine rede.» Er reagierte gereizt. «Und außerdem will ich mich nicht rechtfertigen müssen. Du mußt endlich begreifen, daß ich meinen Freiraum beanspruche und ihn mir auch nehme.»

«Du hättest mir ja auch vorher sagen können, daß du morgen wieder in die Stadt mußt. Dann hätten wir genausogut morgen fahren können und nicht heute.» Ich war jetzt auch gereizt. Wir waren beide übelgelaunt und in mieser Stimmung.

Am nächsten Morgen fuhr Dieter relativ früh weg. Er kam erst gegen Abend wieder und erzählte, inzwischen bester Laune, er habe Mary Caine die

Stadt gezeigt, und sie sei begeistert. Nur habe das arme Mädchen gefroren, sie sei viel zu dünn angezogen gewesen, sie hätte eben nicht gewußt, wie kalt es hier wäre. Diese Besorgtheit um eine andere verletzte mich wieder. Wann hatte er sich mal Zeit genommen für mich? Wann hatten wir mal was gemeinsam unternommen? Wann haben wir mal zusammen einen Pullover gekauft, haben uns etwas in der Stadt angesehen oder sind in ein Museum gegangen? Warum verletzte mich sein Verhalten immer noch, jetzt, wo doch Jonathan in mein Leben getreten war? Ich verstand mich selbst nicht. Jonathan baute mein zerstörtes Selbstbewußtsein zwar wieder auf, aber es ging langsam, und es gab halt auch Rückschläge. Dennoch hatte ich immer die Gewißheit, daß ich irgendwann rauskommen, endlich Abstand gewinnen würde. Ich hatte doch gelernt, allein zu leben.

Noch am gleichen Abend schrieb ich Dieter einen Brief. «Mein lieber Puschel, eigentlich können wir ja sagen, daß wir ein ganz freundschaftliches Verhältnis zueinander gefunden haben. Auch läßt Du mich ein wenig teilhaben an Deinem Leben – jedenfalls an Deinem beruflichen. Jeder von uns hat in den letzten zwei Jahren seine Erfahrungen gemacht – jeder für sich natürlich, wie es konsequenterweise sein muß bei einer Trennung. Ich habe beispielsweise die Erfahrung gemacht, wie wichtig Freunde sind, auch Freundschaften mit Frauen. Sie waren lebensrettend für mich. Auch habe ich viele Bücher gelesen, die großen Eindruck auf mich gemacht und mir viele

Impulse gegeben haben. Meine wichtigste Erkenntnis war jedoch, daß meine Intelligenz, mein Intellekt mir bei meinem Versuch, mich von Dir zu lösen, nicht geholfen haben. Mit Logik war da nichts auszurichten. Das hat mir sehr zu denken gegeben, und daraus habe ich gelernt. Heute sehe ich viele Dinge anders. Was ich heute über Dich und unsere Probleme denke, möchte ich Dir gern mitteilen.

Daß die beiden letzten Jahre die schlimmsten meines Lebens waren, brauche ich Dir wohl nicht zu sagen. Du hast mich vor zwei Jahren zutiefst verletzt, und auch jetzt kann ich noch nicht mit Gelassenheit darüber reden. Aber mir ist inzwischen klargeworden, daß Du Auseinandersetzungen in Deinem Leben immer aus dem Weg gegangen bist, und daß Dich das immer wieder in Katastrophen geführt hat. Am 25. September eröffnetest Du mir (ich weiß das Datum so genau, weil es einen Tag nach Michaels Geburtstag war), daß Du ein Verhältnis mit Barbara gehabt hättest, weil Du sehen wolltest, ob Du wirklich impotent seist. Im Grunde hättest Du das nur getan, um unsere Ehe zu retten. Bei allen Gefühlen, die plötzlich über mich hereinbrachen – Verletztheit, Trauer, Angst, Unglücklichsein, Wut, Hilflosigkeit –, war eines dabei, das mir trotzdem Mut machte: Daß Du es mir selbst gesagt hattest, ein – wie ich damals fälschlicherweise annahm – Anfang dafür, daß endlich eine Auseinandersetzung zwischen uns beginnen würde. Du weißt, ich habe in all den Jahren unseres Zusammenlebens immer wieder versucht, mit Dir über unsere persönlichen Probleme zu reden. Es ist mir nie gelungen. Wir konnten über Gott und die Welt diskutieren, aber nicht über unsere Gefühle. Ich habe das immer vermißt. Jetzt – nach Deiner Eröffnung – schien etwas von unseren Verkrustungen aufgebrochen zu sein. Unsere Beziehung konnte also nur fester und inniger werden. Es würde uns endlich möglich sein, über uns zu reden. All das ging mir damals durch den Kopf, und ich war voller Hoffnung. Wir würden es schaffen, wir würden, wenn auch mit Schmerzen, unseren seelischen Müll, der sich in so vielen Jahren angehäuft hatte und den wir uns bei Krächen jedesmal um die Ohren schlugen, endlich abbauen können. Und vielleicht bekäme ich das Urvertrauen, das ich einmal zu Dir hatte, zurück. Ich habe fast ein Jahr gebraucht, bis mir dämmerte, daß die Sache mit Deiner Impotenz nicht dazu diente, irgendein Gespräch zwischen uns in Bewegung zu setzen, Dich endlich mit mir *auseinanderzusetzen*, sondern das Gegenteil bedeutete: Du wolltest Dich von mir trennen. Diese Trennung wolltest Du nicht, wie Du mir sagtest, um unsere Beziehung zu verbessern, sondern um mich aus Deinem Leben ‹wegzudrücken›. (Zitat).

Wozu Du keine Lust hast, das ‹drückst› Du weg. Das war immer so. Auseinandersetzungen gehst Du einfach aus dem Weg und suchst die Schuld bei anderen, nur nicht bei Dir selbst. Du brauchst einen Sündenbock, das war in Deinem Verhältnis zu Deinen Eltern so, in Deinem Studium, in Deinem Beruf, in Deiner Ehe. Und solange Du nicht bereit bist, Kritik anzuhören und die Gründe dafür gemeinsam mit dem Partner zu suchen und zu überwinden, wirst Du immer wieder in ähnliche Situationen geraten. In der letzten Zeit kommt mir öfter ein Bild aus alten Tagen in Heidelberg während meines Studiums vor Augen: Wir waren bei Livio, meine Schwester und ich, um Spaghetti zu essen. Da kamst Du rein mit Sigrid. Zu dieser Zeit warst Du schon sehr verliebt in mich. Du zogst eine große Show ab, warst charmant und spritzig zu mir und Gisela, setztest Dich zu uns, ließest Sigrid stehen und kümmertest Dich nicht mehr um sie. Als sie Dich etwas fragte, hast Du ganz abweisend reagiert. Es war eine peinliche Szene. Ich war sehr betroffen. Damals hatte ich noch nicht geahnt, daß es mir auch einmal so gehen würde.

Am meisten gelitten habe ich jedoch unter Deinen Lügen, Verschleierungen und Verheimlichungen, vielleicht aber auch unter Deiner Lieblosigkeit, unter Deiner seelischen Brutalität. Du hast mich behandelt wie den letzten Dreck. Heute weiß ich, daß es auch meine Schuld ist, ich hätte mich von Dir nicht so behandeln lassen dürfen, und ich werde es ganz sicher auch nicht mehr zulassen.

Du hast Dir Deinen ‹Freiraum› genommen.

Seit über zwei Jahren gehst Du nun eigene Wege. Leider haben wir keinen gemeinsamen Weg gefunden. Meine Vorstellungen von einer Ehe sind grundlegend anders als die Deinen, und da Du nicht bereit bist, irgendeine Form der Einigung mit mir zu suchen, habe ich meinen Traum vom gemeinsamen Altwerden, von Geborgenheit und Vertrauen, vom Leben mit Dir begraben. Du hast Deine Verhaltensweisen in dreißig Jahren nicht geändert, man kann auch sagen, Du hast nichts dazugelernt. Versteh mich nicht falsch: Ich finde auch heute noch, daß Du ein hinreißender Mann bist, wenn Du Dich jemandem zuwendest. Wenn Du Dich jedoch aus irgendeinem Grund abwendest, bist Du von erschreckender Kälte, von bestürzender Rücksichtslosigkeit. Das will ich nicht mehr ertragen.

Ich will Dir deswegen sagen, daß ich mich scheiden lassen werde. Ich bin für klare Sachen: Du bist nicht mehr mein Mann, ich bin nicht mehr Deine Frau. Falls wir dann doch noch einen Weg finden sollten, der uns wieder zusammenführt, so steht uns auch später alles offen.

Zum Schluß möchte ich Dir noch sagen, daß ich Dich sehr geliebt habe, wie nie einen anderen Menschen, und daß ich glücklich war mit Dir.»

Ich habe diesen Brief nie abgeschickt. Ich weiß nicht, warum.

Ich habe mal eine schöne Geschichte gelesen: «Es war einmal ein junger Mann, der einen seltsamen, wunderschönen Duft wahrnahm und nicht ausfindig machen konnte, woher er kam. Er steckte seine Nase in jede Blüte, die er sah, und dachte, er möge vielleicht von der einen oder anderen ausströmen, aber keine der Blumen gab einen Duft von sich, der auch nur annähernd so wunderbar war wie jener, nach dem er suchte. Schließlich entdeckte er des Rätsels Lösung. Der Duft lag auf ihm selbst, und er war es, der ihn überallhin trug; denn am vorangegangenen Tag hatte seine Geliebte einen Tropfen süß duftenden Öls auf seinen Turban fallen lassen, was aber seinem Gedächtnis entschwunden war. Und genau so, wie es mit dem jungen Mann geschah, ist es mit jenen, die das Liebesbewußtsein erlangt haben. Auch sie tragen diese Liebe und Freude mit sich, wohin sie auch immer gehen, denn sie ist in ihnen und nicht draußen. Wo auch immer sie hinkommen werden, finden sie eine Atmosphäre der Liebe, weil sie es sind, die diese Atmosphäre mitbringen; und weil Liebe alles verschönert, erscheinen ihnen selbst schmutzige und häßliche Orte schön.»

Nun, ich weiß, daß ich weit entfernt bin von diesem Zustand, aber dadurch, daß ich es mir überhaupt vorstellen kann, hat sich bei mir etwas verändert. Mein Interesse ist geweckt. Es gibt Neues zu entdecken.

Inzwischen ist ungefähr ein Jahr vergangen. Aus meiner anfänglich himmelhoch jauchzenden Verliebtheit in Jonathan entwickelte sich eine sehr schöne, zarte, verläßliche Liebe, die mir viel Zeit läßt. Ich bin gelassener geworden, bin wieder ausgeglichener und fröhlicher. Ich habe Vertrauen zu mir selbst, Vertrauen in mein Schicksal.

Ich habe mich nicht von Dieter getrennt, obwohl

ich es heute verkraften würde. Wir leben jetzt ganz friedlich miteinander, keineswegs in einer Beziehung, wie ich sie mir vorstelle. Aber wir haben eine freundschaftliche Basis gefunden. Vielleicht liegt es daran, daß ich ihn wirklich in Ruhe lasse. Ich liebe ihn immer noch. Es ist eine Art Liebe, von der ich sagen kann, sie wird bis an mein Lebensende dauern. Ich glaube, daß ich den Begriff Liebe für mich neu definieren muß. Das wird noch Zeit brauchen...